퇴근은 칼같이 일은 완벽하게

퇴근은 칼같이
일은 완벽하게

여유로운 나를 만드는 시간 효율의 기술

모리타 유키 지음 | 신찬 옮김

RHK
알에이치코리아

✔

업무 중 출출해질 때를 대비해서

책상 서랍에 과자나 시리얼 바를 비축해 둔다.

이 행동은 '시간 효율'이 좋을까? 나쁠까?

→ 자세한 설명은 48번째 항목에서

✔

직장 동료에게 "이 앱 정말 편하더라.

너도 한번 써 볼래?"라는 말을 듣고

곧장 애플리케이션을 다운받았다.

이 행동은 '시간 효율'이 좋을까? 나쁠까?

→ 자세한 설명은 60번째 항목에서

일러두기

1. 타임 퍼포먼스Time Performance란 '시간'과 '퍼포먼스'를 합친 용어로, 시간을 효율적으로 사용하는 방법을 뜻합니다. 한국에서는 '시간'과 '가성비'를 합친 '시성비'로도 표현되나, 이 책에서는 '시간 효율'로 표기했습니다.

2. 이 책의 본문은 국립국어원의 한글 맞춤법 및 외래어 표기법을 따르는 것을 원칙으로 하되, 일부 관용적인 표현은 예외를 뒀습니다.

3. 본문의 각주는 편집자 주입니다.

프롤로그

> "회사는 집에서까지 일하지 말라고 하는데, 그러면 일을 끝낼 수 없다."
> "늦게까지 회사에 있을 수 없어서 일을 가지고 퇴근한다."
> "일에 치여서 여가 시간을 가질 수 없다."
> "업무를 효율적으로 빠르게 처리하고 싶어도 대충 일하는 것처럼 보일까 봐 걱정스럽다."
> "늘 바쁘고 시간에 쫓기는 기분이다."

이 책을 펼치신 분이라면 아마 이런 고민을 한 번쯤 해 보신 적이 있지 않을까요? '야근을 많이 할수록 좋은 평가를 받는다.', '일단 자리에 앉아 있으면 일하는 것처럼 보인다.'라는 사고방식은 옛말입니다. 현대 사회는 단순히 근무 시간 자체가 긴 걸 바라지 않습니다. '성과'를 요구하죠.

물론 '열심히 일하는 모습'이나 '성실한 자세'가 인사 평가에 반영되기는 합니다. 하지만 '열심히 일하는데 성과가 부족한 사람'이나 '노력하는 모습은 보이지만 결과가 따라오지 않는 사람'이 좋은 평가를 받을 수는 없습니다.

그렇다면 현대 사회에 정말로 필요한 업무 스킬은 무엇일까요? 저는 '생산성은 그대로 유지하되 시간은 단축하는 것'이라고 생각합니다. 근무 시간을 줄여도 생산성이나 품질이 떨어지면 아무 의미 없습니다. 최소한 현재 수준의 품질을 유지하는 것이 좋고, 일하는 시간을 줄이면서 품질을 개선할 수 있으면 더할 나위 없겠죠.

그게 가능해지면 야근도, 집으로 일거리를 가져가는 일도 사라집니다. 퇴근 후 여가 시간에는 푹 쉬거나 개인적인 취미를 온전히 누릴 수 있을 것입니다. 결과물의 품질만 확보한다면 일을 대충 한다는 인상을 주지 않을 테니까요.

> "생산성을 떨어뜨리지 않으면서 근무 시간을 단축하는 건 너무 어려워요."

이렇게 느끼는 분이 계실지도 모르겠습니다. 맞는 말씀입니다. 실제로 품질을 유지하면서 시간 단축까지 실현하는 것은 말처럼 쉽지 않습니다.

하지만 세상에는 매일 수백 통씩 쏟아지는 비즈니스 메일을 놀

라운 속도로 처리하고, 여러 회의에 참석하며, 수십 명에서 수백 명 단위의 팀을 이끄는 리더들이 있습니다. 수많은 사람에게 지시를 내리고, 정기적으로 전 세계를 돌며 출장을 다니면서, 매일 오후 여섯 시면 뒤도 돌아보지 않고 퇴근해서 가족이나 친구들과 시간을 보내고, 취미 생활까지 즐기는 사람들이죠.

바로 제가 지난 20여 년간 보좌했던 글로벌 금융 기업의 임원들이 그랬습니다. 그들은 어떻게 엄청난 양의 업무를 소화하면서 야근도 하지 않고, 집으로 일거리를 가져가지도 않으며, 정시에 퇴근해 여가를 즐길 수 있을까요?

그 이유는 그들이 '시간 효율'*이 높은 방식으로 업무를 보기 때문입니다. 그들은 한정된 시간을 풍부하게 사용하는 방법을 알고 있습니다. 그래서 아침 9시부터 오후 6시까지의 정시 근무만으로도 다른 사람보다 훨씬 많은 일을 해내고, 품질까지 좋은 결과물을 만들 수 있는 거죠.

여기서 잠깐, 우선 저를 소개하겠습니다. 저는 글로벌 투자 은행 바클레이즈, 보험 및 금융 서비스 기업 드레스너 클라인워트(현 알리안츠), 아메리칸 인터내셔널 그룹 등 외국계 금융 기업에서 약 20년간 임원들을 보좌했던 모리타 유키森田 ゆき라고 합니다.

• 최근 일본의 Z세대 사이에서는 시간 효율을 중시하는 경향이 확산되면서 '타이파 Time Performance'라는 신조어가 유행이다.

2018년에 독립해 지금은 온라인 이벤트 프로듀서이자 퍼스널 마인드 트레이너로 활동하고 있습니다. 수백에서 수천 명 규모의 온라인 이벤트를 기획하거나 운영하고, 기업의 비즈니스 운영을 지원하는 일은 통상 5~10명이 하나의 팀을 이뤄 진행합니다. 하지만 저는 기본적으로 모든 일을 혼자 처리합니다.

그러면서도 행사나 모임에는 적극적으로 얼굴을 비춰서 친구들과 어울릴 뿐만 아니라, 집에서 조용히 보내는 시간도 만끽합니다. 옆에서 저를 지켜본 사람들은 보통 이런 반응을 보입니다.

> "그 많은 일을 어떻게 다 해내는 거예요?"
> "어떻게 그토록 빠르게 일을 해치울 수 있는 거죠?"

그 비결은 제가 비서로 근무했던 시절, 임원들의 정확하고 효율적인 업무 방식을 오랫동안 옆에서 지켜본 덕분이라고 생각합니다. 저는 제 20년간의 경험에서 체득한 노하우와 임원들로부터 배운 시간 효율의 기술을 《퇴근은 칼같이, 일은 완벽하게》라는 책으로 소개하고자 합니다.

도입에서는 업무를 빠르게 끝내기 위한 마음가짐, 즉 시간 효율에 대한 기본적인 개념'을 먼저 설명하겠습니다. 1장에서는 시간 단축에만 집중하다 보면 놓치기 쉬운, '전체적인 일정을 어떻게 계획하고 조율할 것인가'를 이야기하겠습니다. 2장에서는 많은 이가 시간을 잡아먹는다고 고민하는 '이메일과 업무 채팅에 효율적으로 답장하는 방법'을 다루겠습니다. 3장에서는 자칫하다가 지지부진하게 늘어지기 쉬운 '사무 업무를 빠르게 처리하는 요령'을 알려드리겠습니다. 4장에서는 IT 스킬을 좌우하는 '컴퓨터 작업을 스트레스 없이 매끄럽게 해내는 요령'을 소개하겠습니다. 5장에서는 회의나 프로젝트 진행 등, 다른 사람과 협업할 때 특히 중요한 '쉽고 효과적인 커뮤니케이션 노하우'를 다루겠습니다. 마지막으로 6장에서는 일과 삶 양쪽에서 '시간 효율을 높이는 일상의 습관'을 가르쳐 드리겠습니다.

앞으로 소개할 100가지 방법은 각각 독립적인 노하우이므로 반드시 첫 장부터 차례대로 읽거나, 전부 읽지 않으셔도 괜찮습니다. 물론 처음부터 끝까지 차례대로 읽으신다면 시간 효율의 기술을 더욱 체계적으로 익힐 수 있습니다. 모쪼록 이 책이 여러분의 시간 효율을 극적으로 끌어올리고, 보다 만족스러운 삶을 사는 데 도움이 되기를 바랍니다.

모리타 유키

차 례

2장   이메일 및 업무 채팅의 효율화

3장 일이 잘 풀리는 업무 환경 만들기

4장 스트레스를 받지 않는 작업 요령

5장 일이 쉬워지는 커뮤니케이션 노하우

6장　삶이 만족스러워지는 작은 습관

이럴 때는 여기를 읽어 보자!

- 새로운 일이 생기면 뭐부터 손대야 할지 모르겠다.
- 항상 마감 직전까지 일을 끝내지 못해서 초조하다.
- 갑작스러운 일이 끼어드는 바람에 야근하는 경우가 많다.
- 자꾸 계획이 엉켜서 마감에 늦는다.
- 출근하면 곧바로 업무 모드로 들어가는 게 힘들다.
- 일정을 짜는 행위가 시간 낭비로 느껴진다.

▶ **1장**

- 이메일 답장을 쓰는 데 많은 시간을 소요한다.
- 이메일 확인이 느리다는 피드백을 받는다.
- 해 봤던 업무를 할 때도 시간이 많이 든다.
- 한 가지 용건으로 이메일을 주고받는 횟수가 많다.
- 어떤 커뮤니케이션 수단이 효율적인지 모르겠다.
- 답신을 어느 시점에서 끊어야 할지 모르겠다.

▶ **2장**

- 오전은 뭘 했는지도 모르게 지나간다.
- 업무를 전환하는 데 시간이 많이 든다.
- 업무가 자꾸 쌓인다.
- 업무 자료를 수정하는 일이 번거롭게 느껴진다.
- 집중하는 게 어려워서 시간 효율이 떨어진다.
- 필요한 자료 및 물건을 찾아 헤매는 일이 잦다.

▶ **3장**

- 필요한 파일이 어디에 있는지 모르겠다.
- 시키는 일은 아무 생각 없이 진행한다.
- 창을 여러 개 켜 둬서 연락을 바로 확인할 수 없다.
- 데이터를 죄다 저장해서 저장 용량이 부족하다.
- 북마크가 너무 많아서 원하는 사이트를 찾기 어렵다.
- 비밀번호를 까먹어서 계정이 잠긴 적이 많다.

 **4장**

- 회의가 빈번한 데다 소모하는 시간도 길다.
- 애써 잡은 회의가 무의미하게 끝난다.
- 협업하는 상대와의 커뮤니케이션이 힘들다.
- 일을 혼자 떠안는 일이 잦다.
- 남에게 일을 맡기면 결과물이 내 예상과 다르다.
- 직장 동료와 원만한 관계를 쌓고 싶다.

5장

- 급한 일이 있으면 밤을 새더라도 끝낸다.
- 오전 시간을 제대로 활용하고 싶다.
- 개인적인 시간을 만족스럽게 누리고 싶다.
- 몸이 자주 아파서 일에 지장이 생긴다.
- 만성 피로를 느껴서 업무 효율이 떨어지는 것 같다.
- 일을 왜 하는지 모르겠다.

6장

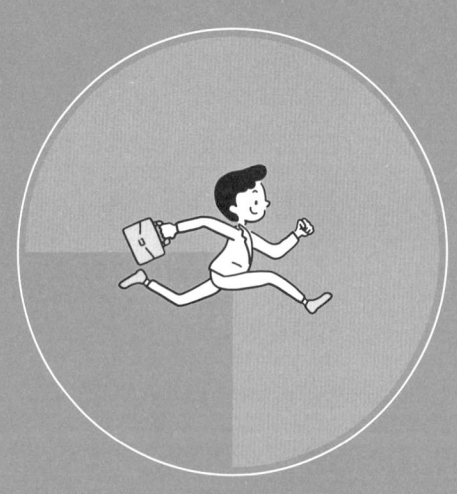

업무를 빠르게
끝내기 위한 마음가짐

01 '단순한 시간 단축'과 '시간 효율이 좋은 방법'의 차이

> '속도를 올리면 같은 시간에 더 많은 일을 할 수 있으니 시간 효율도 올라가겠지?'

이런 생각으로 무작정 작업 시간을 줄이려고 애쓰는 사람들이 있습니다. 전혀 틀린 말은 아니지만, 오로지 시간을 단축하는 데 집중하다 보면 부실한 결과물이 나오기 쉽습니다. 왜 그럴까요? 작업물의 품질, 완성도, 상대방의 만족도 같은 본질적인 요소들을 놓쳐버리기 때문입니다.

회사가 가장 중요하게 생각하는 건 결국 '성과'입니다. 아무리 시간을 많이 절약하더라도 상대가 만족할 만한 결과물을 내지 못하면 아무 소용이 없습니다. 오히려 품질이 낮다는 이유로 다시 작업하라는 요청이 들어오거나, 의도가 제대로 전달되지 않아 목적에서 점점 벗어나면 수습하는 데 훨씬 많은 시간을 소요합니다. 시간을 아끼려다가 되레 일이 늘어나는 상황이 발생하고 마는 거죠. 참 비효율적이지 않나요?

결국 시간 단축 자체가 아니라, '품질을 유지하면서도 시간을 단축하는 것'이 중요합니다. 즉 시간을 적게 들이면서도 결과물의 완성도를 현재 수준 이상으로 유지하는 방법을 찾는 것, 이것이야말로 진정한 '시간 효율을 높이는 방법'입니다.

이에 관한 예시 하나를 볼까요? 중요한 거래처 담당자가 시네필이라고 가정합시다. 그가 "이 영화 정말 재밌어요. 지금은 OTT 사이트에서 볼 수 있으니까 꼭 한번 보세요."라고 권합니다.

시간 단축만을 목적으로 삼으면 영화평론가의 글이나 관객 리뷰를 몇 개 찾아보는 걸로 영화를 감상한 기분을 낼 수 있습니다. 혹은 영상을 2배속으로 재생하면 상영 시간의 절반만 들일 수도 있겠죠. 그러나 과연 이런 방식이 시간 효율을 높이는 행동일까요?

아마 영화에 대한 이야기를 나누다 보면 실제로 시청하지 않았다는 사실을 금세 들킬 겁니다. 그러면 상대방에게 보지도 않고 거짓으로 대답한다는 부정적인 인상을 남기고 맙니다. 중요한 거래처 담당자에게 그런 인상을 주는 것이 과연 현명한 선택일까요?

이런 경우에는 아예 시간을 확실하게 투자해서 '내가 말한 영화를 볼 정도로 날 세심하게 신경 쓰는구나.'라는 인상을 주는 것이 더 효율적인 선택입니다.

회사라는 공간에서는 단순히 작업에 들이는 시간을 단축하는 것뿐만 아니라 '시간 효율'이라는 관점에서 최선의 방법을 골라야 성과를 낼 수 있다는 점을 명심합시다.

무작정 시간을 줄이는 데만 집중하다가 역효과를 불러일으키는 건 아닌지 꼭 생각해 보자.

02 시간 효율을 높이는 목적을 생각한다

 '단순한 시간 단축'과 '품질을 유지하는 시간 단축', 즉 시간 효율이 높은 방식의 차이를 분명히 구분하는 것 외에도 고려할 지점이 하나 더 있습니다. 바로 '무엇을 위해 시간 효율을 높이는가?'라는 질문입니다.

 시간 효율을 의식하면서 일하면 시간의 밀도가 높아져서 동일한 시간 내에서도 이전보다 훨씬 많은 업무를 처리할 수 있습니다. 그러면 정시에 퇴근할 수 있고, 일을 집까지 가져가지 않아도 되므로 여가 시간이 늘어납니다.

 하지만 그렇게 만든 시간에 유튜브만 보거나, 스마트폰 게임만 하는 사람이 있습니다. 혹은 어렵게 확보한 시간인데도 남의 부탁을 거절하지 못해서 또 다른 일을 떠맡는 바람에 여전히 바쁜 업무에서 벗어나지 못하는 사람도 있죠.

시간 효율을 고려하며 일을 빨리 끝냈는데도 이렇게 무의미하게 시간을 쓰면 어딘가 공허한 느낌이 들지 않나요? 그렇다면 적어도 인생이 충실해지고, 자신을 행복하게 만들어 줄 일에 시간을 할애합시다. 그래야만 시간 효율을 높인 보람도 생기는 법입니다.

물론 때로는 침대에 느긋하게 누워 스마트폰을 보는 시간이 기분 전환이나 휴식에 도움이 될 수도 있습니다. 하지만 자신이나 주변 사람들을 행복하게 만드는 방향으로 시간을 쓰는 방법은 무척 다양합니다. 물론 그 방식은 사람마다 다르고, 거기에는 정답이 존재하지 않겠죠. 당신이 행복하다고 느끼고, 삶이 보람차게 느껴지는 일에 시간을 써야 한다는 것을 명심합시다.

시간 효율을 높여 일을 일찍 끝내면 남는 시간에 무엇을 하고 싶으신가요? 시간 효율을 높이는 목적과 여가 시간의 활용법을 한번 생각해 보시기 바랍니다. 그래야 '왜' 일을 빨리 끝내야 하는지 깨달을 수 있으므로, 확실한 동기 부여가 될 테니까요.

여가 시간을 어떻게 보내고 싶은지 상상해 보자.

03 '시간이 있으면 하고 싶은 일'을 정해 본다

수면, 노동, 출퇴근, 식사, 집안일, 샤워처럼 일상을 유지하는 데 반드시 필요한 시간을 제외한 시간, 이른바 '**자투리 시간**'의 활용 방식은 크게 다음 네 가지로 나눌 수 있습니다.

1. 역할의 시간

'부모로서', '자녀로서', '직장인으로서' 등 특정 역할에 수반되는 시간입니다. 아이를 어린이집에 데려다주거나 데려오는 시간, 부모님을 돌봐드리는 시간, 출퇴근 시간 등이 여기에 속합니다.

2. 자기 계발의 시간

자신을 성장시키기 위한 시간입니다. 자격증 시험이나 외국어

공부, 일이나 꿈과 관련된 독서나 학습, 운동 등이 해당됩니다.

3. 소비의 시간

뚜렷한 목적도, 커다란 기쁨도 없이 그저 소모되는 시간입니다. 인터넷 서핑, 스마트폰 게임, SNS, 유튜브 또는 TV 시청 등 특별한 목적 없이 무의식적으로 하는 행위를 뜻합니다.

4. 행복을 위한 시간

이 시간 덕분에 열심히 일할 수 있다고 느낄 정도로 삶의 보람이나 기쁨과 밀접하게 관련된 시간입니다. 가족이나 친구와의 시간, 취미나 좋아하는 일을 하는 시간이 있습니다.

행복한 일상을 영위하려면 소비의 시간을 줄이고 행복을 위한 시간을 늘리는 것이 이상적입니다. 3번과 4번의 구분이 모호할 수 있지만, 행위의 이유에 '괜히', '무의미하게', '아무 생각 없이' 또는 '빈둥거리다가' 같은 표현이 붙는다면 3번이고, 마치고 난 뒤에 성취감이나 만족감을 느낀다면 4번으로 생각하시면 됩니다.

행복을 위한 시간을 늘리고 싶으신가요? 먼저 '여유(며칠 혹은 몇 시간)가 있다면 무엇을 하고 싶은가?'에 대한 답변을 리스트로 만들어 봅시다. 30분, 반나절, 하루, 일주일 등 시간을 세분화하여 생각해 보는 것이 좋습니다. 저는 30분이 주어진다면 마사지 받으러 가고 싶고, 3주라면 남극 여행을 떠나고 싶습니다. 제가 보좌했던 임원 중에는 자투리 시간이 생기면 자녀를 돌보거나 가족과 보내는 데에 사용하는 사람이 많았습니다.

하고 싶은 일을 하나씩 정하는 것이야말로 시간 효율을 높여 행복한 일상을 이뤄내는 첫걸음입니다.

나를 행복하게 만드는 행동을 소요 시간별로 나눠서 리스트로 만들어 보자.

04 '무조건 열심히'는 이제 그만

시간 효율을 높여 가치 있는 시간을 보내려면 가장 먼저 버려야 할 것이 있습니다. 그것은 바로 '아무 생각 없이 무작정 열심히 하면 시간 효율이 올라갈 것이라는 생각'입니다.

집중해서 더 열심히, 더 부지런히 노력하면 시간 효율이 높아질 거라 믿는 분들도 있지만, 안타깝게도 완전히 잘못된 생각입니다. 사실 시간 효율을 높이는 방식은 '무작정 열심히 하는 것'과는 거리가 있습니다.

오히려 귀찮다거나 편한 길을 고르고 싶다는 생각이야말로 시간 효율을 높이기 위한 아이디어의 원천이 되기 때문입니다. 즉 열심히 하면 오히려 시간 효율을 높이기 어려워집니다. 그렇다면 어떻게 해야 할까요? 방법은 간단합니다. 애써 노력해서 새로운 방법을 찾지 말고, 시간 효율이 높다고 알려진 방식을 그대로 따라 하는 것입니다.

예를 들어, 당신의 직장에 항상 정시에 퇴근하거나 일을 잘한다는 인상을 주는 사람이 있다고 합시다. 그 사람이 평소에 일을 어떻게 처리하는지 관찰하거나 직접 물어보고, 그대로 흉내 내면 됩니다. 동시에 이 책에서 소개하는 방법들도 일상에 하나씩 적용해 보시기 바랍니다. 어쩌면 어떤 방법은 '우리 회사에는 안 맞을 것 같은데…'라고 느껴질 수도 있습니다. 그럴 때는 자신의 사정에 맞는 것만 선택하면 됩니다.

요리로 예시를 들어 볼까요? 만약 초보자가 처음부터 자신이 개발한 창의적인 레시피로 완성도 높은 요리를 만들려고 하면 굉장히 어렵겠죠. 하지만 인기 레시피를 찾아서 그대로 따라 하면 실패 없이 맛있는 요리를 만들 수 있습니다.

전통 예술이나 무도의 세계에는 '지키다^守·깨뜨리다^破·떠나다^離'라는 개념이 있습니다. 우선 스승으로부터 배운 기본 형식을 정확히 지키면서 익히고, 익숙해지면 형식을 깨뜨려 조금씩 자신만의 방식으로 변형하며, 마지막에는 기존의 형식을 모방하는 것에서 자신만의 독창적인 경지로 발전한다는 뜻입니다.

시간 효율을 높이는 것도 마찬가지입니다. 무리하면서 억지로 빨리 하거나 자신만의 방식으로 버티려 하지 말고, 우선은 이미 검증된 방식을 배우고 그대로 흉내 내는 것부터 시작하세요. 의욕을 불태울 필요도 없습니다. 효율성이 증명된 기존의 방식을 습관으로 만들면 애쓰지 않아도 시간 효율이 자연스럽게 높아집니다.

편하고 효율적인 기존의 방식을 따라 하자.

05 바쁠수록 '왜?'를 헤아린다

시간에 쫓기는 나날을 외부 요인 탓으로 돌리고 싶어질 때가 있습니다. 실제로 업무량이 과도한 직장을 다니거나, 상사의 업무 분배나 지시 방식에 문제가 있으면 당신이 바쁜 이유 중 하나로 작용할 수도 있습니다. 하지만 어쩔 수 없다며 상황에 순응해서 지시받은 일만 계속한다면 앞으로도 상황은 전혀 바뀌지 않습니다.

눈앞에 감당할 수 없을 정도로 많은 업무가 쌓였을 때, 당신은 가장 먼저 무슨 생각을 하시나요? 아마 대부분 '이걸 어떻게 다 끝내지?', '무슨 일부터 해야 하지?'와 같이 'How(어떻게)'와 'What(무엇을)'에 집중할 겁니다.

그런데 제가 예전에 보좌했던 임원 중 한 분은 항상 "먼저 'Why(왜)'를 생각하세요."라고 말했습니다. 'Why'는 말 그대로 '왜 그 일을 하는가?'를 묻는 것입니다. 즉 방법이나 수단보다 일의 '목적'에 초점을 맞추는 사고방식입니다.

그 임원은 항상 오후 6시만 되면 일을 마치고 뒤도 돌아보지 않고 퇴근하는 사람이었습니다. 제가 'Why'부터 생각하시는 이유가 무엇이냐고 물었을 때, 그는 "안 해도 되는 일을 쉽게 버릴 수 있기 때문입니다."라고 일러 줬습니다.

당시 저는 이제 막 임원 비서 일을 시작한 신입이었고, 요령을 익히지 못했기 때문에 늘 분주하게 움직였습니다. 즉 굳이 하지 않아도 될 일까지도 꼭 해야 하는 업무라고 착각했기 때문에 늘 바빴던 거죠. 이후 다른 임원들을 보좌하면서도 "이건 왜 하는 거죠?", "그걸 꼭 해야 해요?" 같은 말을 자주 들었습니다.

시간 효율을 중시하는 사람들은 'Why'를 먼저 생각함으로써 업무의 목적과 목표를 명확히 하여 우선순위를 정리하거나, 할 일과 하지 않아도 될 일을 구분했던 것입니다.

'왜 그 일을 하는가?'를 생각하면 진짜 해야 할 일이 보인다.

06 '하지 않는다'는 선택지도 있다

아무리 바쁘더라도 한 번쯤 진지하게 업무의 우선순위를 정리해 보는 건 어떨까요? 하지 않아도 되는 일이 의외로 많다는 사실을 깨닫는 경우가 있습니다. 아무런 의문을 품지 않고 **이전 담당자에게 인수·인계받은 업무를 관성적으로 하거나, 항상 했다는 이유만으로 관행처럼 이어 온 업무**를 할 때가 그렇습니다.

이런 경우는 이미 이 일을 하는 게 당연하다는 전제를 깔고 있기 때문에 '사고가 정지된 상태'에 놓입니다. 그래서 '실은 안 해도 상관없는 업무 아닌가?'라는 의문조차 떠올리기 어려운 상태에 빠집니다. 만약 그런 불필요한 업무 때문에 매일 시간에 쫓기고 스트레스를 받는다면, 그건 정말 안타까운 상황이겠죠.

이 책에서 제안하고 싶은 바는 항상 모든 업무에 대해 '정말 해야 하는 일인가?'라는 의문을 품는 태도를 가지는 것입니다. 실제로 임원들은 항상 '왜 그 일을 하는가?'라는 목적을 먼저 따져 보고, 해당 업무의 우선순위가 낮다고 판단하면 아무런 망설임 없이 하지 않거나 다른 사람에게 맡겼습니다. 혼자서 모든 업무를 떠안으려고 하면, 아무리 많은 시간을 할애해도 일이 끝나지 않기 때문입니다.

이러한 선택지가 특히나 필요한 대표적인 업무가 회의 참석입니다. 우리는 회의 초대 이메일이 오면 당연히 참석해야 한다고 생각합니다. 하지만 자신이 주도하는 프로젝트가 아니거나 본인에게 결정권이 없는 회의라면 굳이 참석하지 않아도 업무에 아무런 지장이 없습니다. 사후에 회의록을 받거나, 회의 녹화본을 2배속으로 시청해도 내용을 충분히 파악할 수 있습니다.

그 외에도 이메일, 자료, 회의록 등을 작성할 때 꼭 정제된 문장을 쓰느라 고심할 필요는 없습니다. 간단한 항목 나열 형식으로 작성해도 충분한 경우가 많고, 오·탈자 같은 사소한 오류는 신경을 쓰지 않아도 되는 경우도 아주 많습니다. 다양한 국적의 사람들이 모이는 글로벌 기업에서는 내부 이메일이나 문서에 오타나 비문이 있어도 아무도 신경 쓰지 않습니다. 그건 어디까지나 업무의 목적과는 무관한 부분이기 때문이죠.

물론 모든 기업에서 이런 분위기가 그대로 통용되지 않을 수도 있습니다. 중요한 것은 사고방식을 '당연히 해야 한다!'에서 '굳이 안 해도 문제없지 않을까?'로 전환하면 시간 효율을 높일 수 있는 새로운 선택지가 보일 수 있다는 사실입니다.

'정말 꼭 필요한 일인가?'라는 의심을 품자.

1장

시간을
가치 있게 쓰는 법

07 즐거운 일정부터
확보한다

일할 때 시간 효율을 높이려면 '사적인 이벤트'를 즐기는 시간을 최우선으로 확보하는 것이 중요합니다. 예를 들어, 여행이나 본가 방문 계획, 가족이나 친구와의 약속, 좋아하는 가수의 콘서트나 행사, 응원하는 스포츠팀의 경기, 그리고 자녀가 있으신 분이라면 운동회나 발표회 같은 교내 행사도 여기에 해당됩니다.

왜 이런 식으로 일정을 짜야 할까요? 그 이유는 '일은 인생을 즐기기 위해 하는 것'이라는 마음가짐으로 살기 위함입니다. 이러한 사고방식에서는 여가를 기분 좋게 즐기려면 일부터 끝내야 한다는 생각이 강해지기 때문에 일상에 루틴이 생기고 일에 대한 의욕도 자연스레 높아집니다. 즉 즐겁고 보람찬 시간을 확보하기 위해 어떻게든 효율적으로 일을 끝내고자 애쓰고, 그 노력이 자연스럽게 시간 효율을 높이는 방식으로 이어지는 거죠.

물론 어떤 분은 일 자체가 즐겁고 일이 곧 삶의 의미라고 느낄 수도 있겠지요. 하지만 **항상 일을 최우선으로 둔다면, 자기도 모르게 일과 시간에 쫓기는 삶을 살게 됩니다.** 일이 아무리 즐거워도 인생 전체가 회사 중심으로 돌아가면, 어느 순간 허무함을 느껴서 번아웃이 오거나 건강에 이상이 생길 수도 있습니다.

"집에 가도 할 일이 없어요."
"쉬는 날에는 할 게 없어서 심심해요."

이렇듯 차라리 출근하는 편이 마음 편하다고 생각하는 사람이 있을지도 모르지만, **휴일은 할 게 없어서 지루하다는 사고방식을 바꾸는 게 시간 효율을 높이는 첫걸음입니다.**

제가 보좌했던 글로벌 금융 기업의 임원들 역시 일보다 사적인 시간을 우선시했습니다. 가족이나 친구와 보내는 시간, 취미를 즐기는 시간이야말로 일에 몰입하도록 만들어 주는 확실한 동기였던 겁니다(영미권에서는 배우자나 가족과의 시간을 소홀히 하면 이혼 사유로 이어질 수 있기 때문에, 가족을 챙기는 시간을 확보하는 것이 매우 중요하다는 문화적 배경도 있습니다). 임원들은 매년 새해 첫날에 '올해는 어디로 여행을 갈까?', '올해의 황금연휴는 언제지?' 하고 달력을 펼치며 그해의 휴가 계획을 세우는 것을 연례행사로 여겼습니다.

또한, 장기 휴가를 받아서 여행 계획을 짤 때는 호텔이나 항공편 예약, 관광 일정 준비, 짐 챙기기 및 필요한 물품 구입 등 여행을 준비하는 시간도 반드시 포함해야 한다는 걸 잊지 마세요. '준비 시간'까지도 즐거운 이벤트의 일부니까요.

업무 일정보다 '즐거운 일정'을 먼저 계획하자.

08 일정을 세우는 데에 시간을 들인다

> '어차피 계획은 상황에 따라 바뀔 가능성이 큰데, 굳이 꼼꼼하게
> 세울 필요가 있나?'

이렇게 생각하는 사람이 의외로 많습니다. 그리고 실제로 상기의 이유로 인해 일정을 세우는 데에 시간을 들이는 사람이 적은 것도 사실입니다. 일정을 세우는 작업이 귀찮게 느껴지는 마음은 충분히 이해합니다. 하지만 시간 효율이 높은 방식으로 일하고 싶다면, 계획을 세우는 데 따로 시간을 들일 필요가 있습니다.

예를 들어, 해외여행을 간다고 생각해 보죠. 항공편도 숙소도 알아보지 않고 아무런 준비도 없이 무작정 공항이나 현지에 가는 사람은 거의 없을 겁니다.

대부분 항공편과 호텔을 살펴본 후 마음에 드는 곳으로 예약하고, 체류 일수에 맞춰 필요한 짐을 챙기며, 때로는 숙소 근처의 상점이나 맛집까지도 미리 조사합니다. 왜냐하면 사전 준비를 하나도 하지 않은 채로 무작정 공항에 가면 "오늘은 항공편이 없습니다."라는 말을 듣고 되돌아오거나, 막상 현지에 가서도 숙소나 식당을 찾느라 시간과 돈, 에너지를 낭비할 게 뻔하기 때문입니다. 귀한 시간을 땅바닥에 버리는 셈이죠.

그런데 이상하게도 직장에서는 일정도 짜지 않고 무작정 업무를 시작하는 사람이 많습니다. 제대로 구상하지도 않은 채, 즉흥적으로 일을 처리하거나 그저 주어진 지시나 요청만 따르며 하루를 보내는 겁니다. 그 결과, 타인의 일정에 휘둘리고, 전부 제대로 끝내지 못해 늘 시간에 쫓기는 악순환에 빠지게 되죠.

일도 여행처럼 성공 여부의 80%는 '사전 준비'에 달렸습니다. 일정을 짜야 여행지에 가서 제대로 즐기는 것처럼, 프로젝트를 주도적으로 이끄는 것은 전부 '사전에 계획을 세우고 일정을 구상할 시간을 들였는가?'에 달렸습니다.

일단 해 보자며 계획도 없이 시작하는 습관을 버리자.

09 먼저 업무의 전체적인 프로세스를 파악한다

일은 준비 과정에서 성패가 갈립니다. 그리고 일을 성공시키기 위해 제대로 준비하려면, 무엇보다도 프로젝트나 업무의 전체적인 흐름을 파악하는 것을 최우선으로 생각해야 합니다. 전체 프로세스에서 반드시 파악할 요소로는 '할 일'과 '소요 시간'이 있습니다. '할 일'의 종류에는 자신이 직접 해야 하는 일과 누군가에게 맡겨야 하는 일이 있겠죠.

이런 기초적인 부분도 파악하지 않고 무작정 시작했다가는 나중에 '아, 이것도 내일이 마감인데!', '다른 사람에게 맡겨야 했는데 깜빡했다!', '지금 시작해도 제시간에 끝낼 수가 없네, 어떡하지….' 라는 생각만 반복하며 우왕좌왕하게 됩니다.

그런 일을 막기 위해서라도 업무나 프로젝트를 진행할 때는 가장 먼저 전체적인 업무 프로세스를 파악해야 합니다. 말하자면 프로젝트의 큰 그림과 일정을 '가시화'하는 거죠.

저는 A4 용지에 항목별로 '할 일'과 '소요 시간'을 적습니다. 그리고 그 작업을 내가 할지, 아니면 남에게 맡길지를 판단합니다. 마감 기한도 이때 확실히 정하며, 기한은 '시작', '중간', '끝' 이렇게 세 단계로 나누어 설정합니다.

'시작'은 그 작업을 언제 시작할지 정하는 시점입니다. '중간'은 결과물이 나오는 시점, 혹은 누군가에게 맡긴 작업이 완료되어 내게 돌아오는 시점입니다. '끝'은 프로젝트에 따라 다르지만, 프로젝트 론칭일이나 행사 당일처럼 프로젝트의 목표 시점을 뜻합니다.

작성하면서 각 단계에 누락된 부분이 없는지 꼼꼼히 확인합니다. 이렇게 프로젝트의 청사진, 즉 일종의 설계도를 완성할 수 있습니다. 작성한 내용을 일정표에 넣는 것까지 마치면 준비는 끝납니다.

프로젝트나 업무의 규모에 따라 작성하는 데 드는 시간이 다르겠지만, 이 작업은 보통 한두 시간 정도 걸리기 때문에 처음에는 번거롭게 느껴집니다. 하지만 전체적인 관점에서 보면 시간 효율은 확실히 향상되니 계획을 세우는 습관을 들이시기 바랍니다.

> 새로운 일을 맡으면 '할 일'과 '소요 시간'을 가장 먼저 정리하자.

10 협업할 관계자가 많은 일부터 시작한다

시간 효율을 높이려면 작업의 우선순위를 따지는 과정이 빠질 수 없습니다. 많은 사람이 잘 아는 일의 중요도를 헤아리는 기준 중 하나는 '마감이 가까운 일부터 시작하기'라는 대원칙입니다.

하지만 마감일을 기준으로 일을 진행하다 보면, 늘 마감에 쫓기는 듯한 감각 속에서 하루하루를 보내게 됩니다. 무엇보다도 그 순서가 정말로 효율적인지 고려하지 않고 관성적으로 움직입니다. 이를 시간 효율이 높은 방식이라고 할 수는 없겠죠.

물론 마감일을 지키는 것은 매우 중요합니다. 하지만 그 외에도 우선순위를 판단할 때 반드시 고려할 기준이 하나 더 있습니다. 그 것은 바로 '관계자가 많은 일부터 시작하는 것'입니다.

왜냐하면 같이 일하는 사람이 많을수록 조율에 시간이 걸리고 변수도 많기 때문입니다. 여러 사람과 일정을 맞추거나, 작업을 외주로 넘겨야 하는 일은 상대방의 일정에 맞춰 마감일을 조정하거나, 업무를 분담하는 상황도 고려해야 합니다. 따라서 협업의 비중이 큰 작업일수록 시간과 품이 많이 듭니다.

'마감일이 가까운 일부터 시작하기'라는 대원칙 외에도 '시간이 오래 걸릴 것 같은 일부터 시작하기'라는 원칙도 많이들 고려하시는데요. 특히 관계자가 많은 일은 손이 많이 가며, 시간도 가장 많이 소요되는 작업임을 명심해야 합니다.

그러므로 그런 작업을 가장 먼저 착수하고, 다른 사람의 작업 결과를 기다리는 동안에는 혼자서 할 수 있는 일을 처리하는 것이 좋습니다. 그러면 시간 낭비가 줄어듭니다.

간단히 비유하자면 '큰일 → 작은 일' 순서로 일정을 짠다는 이미지입니다. 여기서 '큰일'은 관계자가 많은 일이나 애초에 시간이 오래 걸리는 일이고, '작은 일'은 혼자서 끝낼 수 있는 일, 혹은 관계자가 적은 일을 뜻합니다. 이 흐름에 따라 작업에 착수하면 불필요하게 시간을 버리는 일이 훨씬 줄고, 시간 효율도 전반적으로 향상됩니다.

작업 착수는 '큰일 → 작은 일'의 순서로 하자.

11 '예비 시간'을 확보한다

전반적인 흐름을 그린 뒤에 업무에 착수하려고 보면, 의외로 깊이 고심한 뒤에 진행할 필요가 있는 일들이 많아서 당초 예상보다 많은 시간을 소모한 경험이 있을 겁니다.

생각하는 데 드는 시간은 예상보다 많이 필요합니다. 하지만 생각하는 데 드는 시간까지 일정에 포함하는 사람은 거의 없죠. 일정을 빠듯하게 세우는 바람에 나중에 시간이 턱없이 모자란 상황이 벌어져 후회하지 않으려면 '생각할 시간'을 일정에 정기적으로 포함하는 편이 시간 효율을 높이는 데 도움이 됩니다.

여기서 말하는 '생각'이라는 행위에는 여러 가지가 있습니다. 아이디어를 떠올리는 시간, 프로젝트의 전체적인 구조를 파악하고 할 일을 정리하는 시간, 외주를 맡길 업체를 정리하고 비교해 보는 시간 등이 여기에 속합니다. 할 일이 많을 때 종이에 적으면서 머릿속을 정리하는 시간도 여기에 포함되겠지요.

즉, 생각 정리가 필요한 업무를 몰아서 처리하는 것입니다. 이 시간은 하루에 두 시간 정도 확보하는 것이 이상적입니다. 그게 어렵다면 하루에 한 시간이라도 좋으니 가급적 생각할 시간을 확보하시기 바랍니다. 도저히 그럴 수 없다면 일주일에 한 번만 진행해도 좋으니 루틴으로 만들어 봅시다. 생각할 시간을 확보하는 것만으로도 업무를 한결 수월하게 진행할 수 있을 겁니다.

또한 이 시간은 예상치 못한 일이나 자잘한 업무를 처리하는 데 써도 괜찮습니다. 예를 들어, 후배에게 피드백을 부탁받은 보고서의 검토, 급한 문의에 대한 대응 등 30분 이내로 끝낼 수 있는 일이라면 이때 빠르게 처리합시다. 그러면 상대를 기다리게 하는 일도 줄고, 자잘한 업무가 쌓이는 일도 방지할 수 있습니다. 생각할 시간은 곧 '여유를 위한 시간'이며, 어떤 용도로든 유연하게 활용할 수 있는 일종의 예비 시간입니다.

자유롭게 전환할 수 있는 예비 시간을 확보하면 여유가 생긴다.

12 소요 시간은 경험치의 1.2배로 잡는다

작업의 '소요 시간'을 정확히 예측하는 사람은 드뭅니다. 대부분 열심히 하면 시간 안에 끝낼 수 있겠거니 하고 낙관적으로 생각하는 경향이 있기 때문이며, 작업 단계에서 실수로 누락하는 부분이 생길 수 있기 때문이죠. 또한 예상치 못한 외부 요인이 개입해서 일정이 틀어지는 상황도 흔합니다.

예를 들어, 작업을 빠르게 진행하던 도중에 상사나 거래처로부터 갑작스러운 호출을 받거나, 후배의 상담을 들어 주거나, 팀원이 갑자기 조퇴해서 대신 작업할 일이 생기면 기존의 작업을 멈출 수밖에 없습니다. 한창 집중해서 일할 때 급한 전화를 받으면 10분이라는 시간이 단번에 날아가기도 하죠. 게다가 흐트러진 집중력을 다시 끌어올리기는 생각보다 쉽지 않습니다.

이처럼 예기치 않은 일들로 시간을 빼앗기면, 이를 만회하려고 조급하게 움직이다가 실수를 저지르기 쉽습니다. 설령 예정대로 작업을 마치더라도 실수한 부분이 있으면 수정 요청이 들어와서 다시 손보느라 시간을 더 써야 합니다. 그러다 다음 일정에도 영향을 미치면 전체적인 일정이 도미노처럼 무너지기도 하죠. 그야말로 부정적인 상황의 악순환입니다.

이런 상황을 피하려면 처음부터 소요 시간을 여유롭게 잡는 것이 좋습니다. 구체적으로는 자신의 경험치를 기준으로 삼고, 그보다 1.2배 정도의 여유를 두는 것이 적당합니다. 스스로 가늠하기에 3시간이면 끝낼 수 있다고 생각하는 작업은 실제로는 3.6시간, 넉넉하게는 4시간 정도를 확보해 두는 식으로요.

이러면 갑작스러운 일이 생겨서 시간이 조금 지체되더라도 다음 일정을 해치지 않고, 마음이 조급해져서 실수를 저지를 위험도 줄어듭니다. 시간을 널널하게 확보하는 데 거부감을 느끼는 분이 계실 수도 있지만, 악순환에 빠졌을 때의 시간 손실을 생각하면 이 정도의 시간 투자는 결코 아까운 게 아닙니다.

여유 있게 잡은 시간은 결코 낭비가 아니다.

13 회의는 15~30분
여유 있게 잡는다

회의나 미팅 등 다른 사람과 약속을 잡을 때는 **약속 시간 전후로 15~30분 정도의 여유 시간을 확보해 두는 것이 좋습니다.**

예전에 임원의 일정을 조정하는 과정에서 회의 하나가 끝나자마자 바로 다음 회의를 진행하도록 일정을 배치한 적이 있습니다. 첫 번째 회의가 순조롭게 진행되어 제시간에 끝났다면 아무 문제도 일어나지 않았겠지만, 참석자 한 명이 지각하는 바람에 당초 예상한 종료 시간까지도 논의가 끝나지 않았죠. 하지만 곧이어 다음 회의가 있어서 논의를 연장할 수 없었습니다.

지각한 사람의 책임이라고 할 수도 있지만, 애초에 15~30분 정도 여유를 두고 일정을 잡았더라면 문제없이 넘어갈 수 있었을 겁니다. 이 사건을 계기로 이후에는 회의를 잡을 때 항상 30분 정도 여유를 둡니다. 실제로 일정 조정에 능한 사람들은 이런 식으로 빡빡한 일정을 조정합니다.

현재 저는 다른 사람의 일정을 짜는 것이 아니라, 제가 참석할 회의나 미팅을 조율하지만, 여전히 15~30분 정도의 여유 시간을 확보하는 편입니다. 그러면 만약 회의가 다소 지체되거나 지하철이 연착되어도 초조하지 않습니다. 지각하는 일이 거의 없으므로 늦어서 죄송하다며 사과하거나 정해진 미팅 시간이 줄어드는 경우도 발생하지 않지요. 또한 상대가 늦는 일이 생겨도 괜찮습니다.

만약 아무도 늦지 않고, 이야기도 길어지지 않아 회의가 예정대로 끝나면, 남은 15~30분은 잠시 쉬거나 다음 일정을 확인하며 생각을 정리하는 시간으로 활용할 수 있습니다. 참고로, 임원들은 워낙 바쁜 일정을 소화하기 때문에 이렇게 짧게나마 확보한 휴식 시간을 아주 소중히 여겼습니다.

저는 단순히 휴식을 취하는 게 아니라, 3장에서 소개할 '5분이면 할 수 있는 업무 리스트(108페이지)'를 처리하는 데 할애하여 시간 효율을 더욱 높이기도 합니다.

회의나 미팅은 지연될 가능성을 고려해서 일정을 짜자.

14 외근은 이동 범위를 최대한 작게

요새는 회의나 미팅을 온라인으로 진행하는 일이 증가하는 추세지만, 거래처나 현장에 직접 방문할 일이 완전히 사라진 것은 아닙니다. 그러나 외근을 위해 이동하는 시간은 바쁠수록 아깝게 느껴집니다. 따라서 이동하는 데 드는 시간을 최대한 줄이는 것이 시간 효율을 높이는 데 도움이 됩니다.

특히 영업직처럼 외근이 잦은 직무라면 여러 거래처를 방문하거나 먼 지역까지 출장 나갔다가 하루를 몽땅 써 버리는 일도 드물지 않죠. 이동 시간이 길어지면 사무실에서 처리할 업무를 끝내지 못해 일이 점점 쌓이는 경우도 있습니다.

이동으로 인한 시간 낭비를 줄이려면 외부에서 처리할 일정을 되도록 하나로 모으고, 이동 범위를 최대한 작게 만드는 것이 중요합니다. 예를 들어, 거래처를 방문해야 하는 일정이 생기면 인근 지역에서 처리할 수 있는 업무가 없는지 살피는 것입니다.

방문 필요성이 있는 장소를 찾거나, 체인점이나 우체국, 편의점처럼 어느 지점을 가도 무방한 장소에서 처리할 일을 가져가는 것도 좋은 방법입니다. 며칠 뒤에 중요한 거래처를 방문할 예정이라면, 나간 김에 답례품을 구매하여 상대방에게 좋은 인상을 남길 수도 있겠지요. 급하지 않은 일이라도 미리 준비해 두면 미래의 자신을 조금 더 편하게 만들어 줄 수 있습니다.

그리고 최적의 동선과 순서로 처리할 수 있도록 미리 경로와 순서를 짜 보는 것도 중요합니다. 우왕좌왕하지 않고 최단 거리로 이동할 수 있게 미리 계획을 세웁시다. 현장에 도착하고 나서 스마트폰 지도를 켜고 고민하기보다는, 사전에 준비하는 것이 시간 효율을 극적으로 향상시키는 포인트입니다.

한편, 외근 날짜를 자신의 사정에 맞춰 조정할 수 있다면 외근만 하는 날을 만드는 식으로 하루 단위로 나눠서 일정을 구성하는 것도 시간을 절약하는 데 효과적입니다. 참고로, 일정표에 계약서, 인감, 선물 등 꼭 지참해야 하는 물건도 함께 적으면 당일에 챙기지 못하는 실수를 예방할 수 있습니다.

외근 일정은 하나로 모아 시간 낭비를 줄이자.

15 친해지고 싶은 사람은 식사 시간에 만난다

제가 보좌했던 임원 한 분은 거래처 또는 사내의 다른 임원들과 간단한 회의나 미팅을 잡을 때 가급적 '오전 11시'에 잡으려 했습니다. 처음에는 왜 하필 오전 11시를 고집하실까 궁금했는데, 얼마 지나지 않아 그 이유를 알게 되었죠.

그분은 오전 11시부터 미팅을 시작하여 30분 정도 업무 이야기를 나눈 뒤, 그대로 상대와 함께 점심을 먹으러 나갔던 겁니다. 이른바 '오찬'을 가진 거죠. 식사 자리에서는 가벼운 대화를 중심으로 상대방의 근황이나 업무 스타일 등을 파악하곤 했습니다.

혼자 먹든, 누군가와 함께 먹든 식사에 사용할 수 있는 시간은 한정적입니다. 그렇다면 평소에 교류하고 싶었던 상대방과 함께 식사함으로써 식사와 정보 수집을 동시에 해결하는 게 시간 효율의 측면에서 합리적입니다.

여기에 커뮤니케이션을 통해 상대방과 친밀감을 형성할 수 있다는 점까지 고려하면, 그야말로 일석삼조라고 할 수 있습니다. 게다가 오후에는 업무를 재개해야 한다는 생각이 깔려서 대화가 점심시간으로 사용하는 1~1.5시간 내로 마무리됩니다. 그래서 불필요한 잡담을 늘어놓는 일도 없습니다. 이런 측면에서 꽤 효과적으로 시간 효율을 챙기는 좋은 방법이라고 생각합니다.

우리도 이 방식을 잘 응용해서 친해지고 싶은 상대방과의 미팅 일정을 오전 11시에 잡는 건 어떨까요? 1시간 정도 업무 이야기를 나눈 뒤에 "함께 식사하시는 건 어떠세요?"라고 제안하면, 상대도 흔쾌히 응할 가능성이 높습니다.

근처 식당을 미리 검색했다가 "괜찮은 식당을 하나 찾아났어요."라고 하거나 "여기가 숨은 맛집이라던데요?"와 같은 말을 곁들이면 보다 긍정적인 반응을 기대할 수 있습니다. 만약 상대가 이미 다른 약속을 잡아 둔 상태라 거절하더라도, 어차피 점심은 혼자서라도 먹어야 하니 손해 보는 일은 아닙니다.

비슷한 방식으로 퇴근 직전인 오후 6시 무렵에 약속을 잡고 "분위기 좋은 곳을 찾았는데요. 딱 한 잔만 하고 가시는 건 어떠세요?"라고 제안하는 것도 좋은 방법입니다. 이때 '딱 한 잔만'이라는 말을 반드시 지키는 것이 매우 중요합니다. 상대가 당신을 무분별하게 술을 좋아하는 사람이 아니라 정말 친목을 도모할 뿐이라고 인식하면, 다음에도 동일한 방식으로 자연스럽게 식사 자리에 초대할 수 있습니다. 또한 너무 들떠서 과음을 하고 결례를 범하거나 본래의 목적을 잊는 일이 없도록 주의하는 것이 좋습니다.

식사 시간을 잘 활용하면 상대방과 친밀감을 형성할 수 있다.

16 취소하기 힘든 약속을 잡는다

마감까지 여유롭다는 생각에 빈둥거리다가 끝낼 수 있었던 일을 끝내지 못하고 당황했던 경험이 누구나 한 번쯤은 있을 겁니다. 시간에 쫓기면 실수가 늘어나기 마련이지만, 반대로 적당한 긴장감이 작용하면 일이 더 잘 풀릴 때도 있습니다. 이러한 인간 심리를 잘 활용하면 퇴근 후에 '취소하기 힘든 약속'을 하나 넣어 두는 것만으로도 시간 효율을 높게 유지할 수 있습니다.

여기서 말하는 취소하기 힘든 약속이란, 가령 좋아하는 아티스트의 콘서트, 꼭 가고 싶었던 전시회처럼 개인적으로 중요한 일정이나 가족·친구와의 약속처럼 무르기 힘든 약속을 말합니다. 약속을 지키려면 퇴근 시간까지는 반드시 일을 끝내야 한다는 마인드가 생기므로 긍정적인 압박을 받습니다.

참고로 저는 퇴근 시간에 맞춰 세탁이 끝나도록 타이머를 맞춰 두곤 했습니다. '빨리 귀가해서 빨래를 널지 않으면 세탁기를 또 돌려야 한다!'라는 생각에 스스로를 재촉하곤 했지요.

취소하기 힘든 약속은 상사나 동료가 갑작스럽게 일을 줬을 때 거절하는 핑계로도 유용합니다. 빨래를 널어야 한다는 이유는 설득력이 떨어지겠지만, 가족이나 친구와의 약속처럼 '다른 사람'을 핑계 삼으면 납득하기 쉬우므로 추천할 만합니다.

제가 보좌했던 임원들은 "해외에서 지인이 왔는데 오늘이 아니면 못 만나." 같은 이유를 자주 거론했습니다(진위 여부는 알 수 없습니다). 지방 출신이라면 가족이 왔다는 식으로 응용할 수도 있고, 최대한 빨리 수령해야 하는 신선 식품 택배, 가스 검침 같은 이유도 상황에 따라 효과적으로 사용할 수 있겠지요.

또한, 자연스럽게 '항상 일찍 퇴근하는 사람'이라는 인식이 생겨서 부가적인 업무를 떠맡는 상황을 피할 수 있습니다.

스스로를 독려하는 데는 '퇴근 후 약속'이 제격이다.

17 급한 부탁은 퇴근 전에 끝낼 수 있는지 판단한다

시간 효율을 높이는 이유는 일을 효율적으로 끝내고 정시에 퇴근하기 위함입니다. 일단 퇴근하면 그때부터는 개인적인 시간이니 기본적으로 '내가 행복한 방식'으로 시간을 써야 하겠죠.

그러므로 퇴근 시간이 가까워질 무렵에 상사나 동료가 "미안한데 이것 좀 처리해 줄 수 있을까?" 하고 일을 맡기면, 우선 '오늘 퇴근 전까지 끝낼 수 있는 업무인가?'를 판단해야 합니다.

업무를 처리하는 것을 '상자에 물건을 담는 행위'에 비유해 보겠습니다. 상자에는 용량이 있기 때문에 용량 이상의 물건을 담을 수 없습니다. 업무에서 용량은 '근무 시간'입니다. 예를 들어 오전 9시부터 오후 6시까지가 근무 시간이라면, 그 시간에만 상자에 물건을 넣을 수 있다는 뜻입니다.

만약 일정에 여유가 있고, 부탁받은 일을 맡더라도 정시에 퇴근할 수 있다면 조직 내 인간관계를 원만히 유지한다는 의미에서 일을 맡아도 괜찮겠죠. 하지만 **야근이 불가피한 업무량이라면 오늘 안에는 끝낼 수 없다고** 정중히 거절해야 합니다.

이후의 일정과 비교하면서 "내일은 괜찮습니다.", "14일까지라면 할 수 있어요." 등의 방식으로 조율하는 것도 하나의 요령입니다. 또한 현재 끝내지 못한 업무 중 작업을 미뤄도 무방한 것이 있다면, 장기적으로 봤을 때 상대방의 부탁을 들어주는 편이 이득인지 고려하여 판단해도 됩니다.

어느 쪽이든 부탁받은 일을 무턱대고 떠맡는 태도는 피해야 합니다. 거절했다가 밉보이는 게 두렵다는 심정은 잘 알고 있습니다. 하지만 반드시 해야 하는 일이 아닌데도 스스로를 희생하면서까지 일을 우선시하는 것은 바람직하지 않겠죠.

저는 과거에 어떤 임원으로부터 **"생사가 달린 것 외에 반드시 오늘 끝내야 하는 일은 없어."** 라는 말을 들은 적이 있습니다. 이렇듯 우리의 삶에서 일은 최우선 순위가 아닙니다.

일정이라는 상자에 용량 이상의 일을 담지 말자.

18 퇴근 15분 전에 일정을 조정한다

한번 세운 일정을 번복 없이 그대로 실행하는 것이 가장 이상적이지만, 실제 상황에서는 그러기 쉽지 않습니다. 예상치 못한 일이 생기거나 새로운 프로젝트 혹은 추가 업무가 발생하면 상황에 맞춰 유연하게 일정을 수정할 필요가 있습니다.

일정을 조정하는 일을 번거롭다고 느끼면, 순간적으로 당시의 분위기나 흐름에 따라 일을 대충 처리해 버리고 싶은 마음이 들 수도 있습니다. 그 마음은 이해하지만, 그런 방식으로 일하면 시간 효율만 저하될 뿐입니다. 일단 닥치는 대로 하면 어떻게든 된다는 생각은 시간 효율을 떨어뜨리는 가장 큰 착각입니다.

예기치 못한 일이 생기거나 새로운 업무가 생겼을 때는 달력이나 일정표를 보면서 번거로운 업무를 여유가 있는 날로 옮기거나 추가 수정이 필요한 업무를 먼저 처리하는 등 일정을 빠르게 수정해서 유연하게 대처해야 합니다.

그리고 하루를 마무리할 때, 즉 **퇴근 직전에는 10~15분 정도 시간을 내어 일정을 확인하고 조정하는 시간을 갖는 것이 좋습니다.** 이 시간에는 오늘의 업무를 되짚으며 할 일이 새롭게 생기지 않았는지 점검합니다.

> '맞다, 미팅룸을 예약해야 해.',
> '오늘 중으로 부장님께 메일을 보내야 했어.'

이처럼 깜빡하고 누락한 일이 떠올랐다면, 지금 바로 처리할 수 있는 일은 즉시 처리하고 당장 해결할 수 없다면 내일 일정에 반영해 두면 됩니다.

또한 일정에 변경할 부분이 생기면 일정을 재배치할 수 있습니다. 퍼즐을 맞추듯 일정을 적절한 날짜로 옮기거나 진행 순서를 바꾸는 것입니다. **이 작업은 한 주를 마무리하는 금요일에는 반드시 해야 일정이 지연되는 일이 생기지 않습니다.**

예컨대, 하루 단위가 아닌 일주일 단위로 한 주를 돌아보고 다음 주의 일정을 조정하는 거죠. 이때는 시야를 조금 넓혀서 금주의 업무 진척 속도를 체크하는 게 좋습니다. 만약 너무 느린 속도로 진행된다는 생각이 든다면 주 단위 이상의 조정을 할 수도 있습니다. 미리 살펴보고 다음 달에 일정이 꼬이는 상황이 벌어지지 않도록 만들 수 있죠.

'당장 해야 할 일'과 '마감까지 여유로운 일'을 매일, 그리고 매주 파악하면 일에 쫓기지 않고 평정심을 유지할 수 있습니다.

일정 체크 및 조정은 '매일'과 '매주'의 루틴으로 만든다.

19 캘린더 앱을
적극적으로 활용한다

요즘은 손으로 쓰는 다이어리만으로 일정을 관리하는 사람이 그리 많지 않습니다. 회사 일정은 캘린더 앱으로, 개인 일정은 손으로 쓰는 다이어리로 확인하는 식으로 병행하여 사용하는 사람도 있고, 두 가지 캘린더 앱을 연동해서 쓰는 사람도 있습니다.

다만 캘린더 앱은 되도록 하나로 통합하는 것이 기입 누락이나 옮겨 적을 때의 실수 등을 막는 데 효과적입니다. 사생활 노출이 걱정스럽다면 캘린더에 개인 일정을 입력할 때 '비공개' 설정을 거는 방법도 있으니, 설정을 한번 확인해 보세요.

한편, 캘린더 앱에는 우리가 생각하는 것보다 훨씬 다양한 기능이 탑재되었습니다. 시간 효율을 끌어올릴 수 있는 유용한 기능을 몇 가지 소개해 드릴 테니 아직 사용해 본 적 없는 기능이 있다면 이번 기회에 꼭 활용해서 시간 효율을 높이시길 바랍니다.

반복 설정 기능

일정을 입력할 때 '매일', '매주 월요일', '매달 25일'과 같이 반복적으로 수행하는 일정은 자동으로 입력되도록 설정할 수 있습니다. 정기 회의나 퇴근 후에 듣는 강의 등 정기적으로 발생하는 일정은 해당 기능을 사용하면 매번 입력하는 수고를 덜 수 있습니다.

리마인드 기능(알림 기능)

일정에 리마인드 기능을 설정하면 푸시나 이메일로 알림을 보내는 기능입니다. 일정 시작 몇 분 전에 통지할지는 자유롭게 설정할 수도 있어서 지각 방지에도 좋습니다.

일정 색상 구분

일정마다 색상을 설정하는 기능입니다. 예를 들어 회의는 노란색, 외근은 파란색, 개인적인 일정은 분홍색으로 분류해 두면 일정을 직관적으로 파악하기 쉬울 뿐만 아니라 금주에 외근 일정이 몇 번 있는지 체크하는 등 일정 분포를 한눈에 볼 수 있어 유용합니다.

특수 기호·아이콘·스티커 기능

별표나 하트 같은 특수 기호를 붙이거나 아이콘과 스티커를 활용할 수 있는 앱도 있습니다. 도형이나 일러스트 같은 시각적 이미지는 텍스트보다 직관적이라 정보 처리 속도가 빨라져 시간 효율을 높이는 데 도움이 됩니다.

캘린더 앱에 써 본 적 없는 기능이 있다면 지금 바로 활용하자.

20 할 일은 전날 밤에
정한다

아침은 하루 중 가장 활력이 넘치는 시간입니다. 뇌가 가장 활발하게 돌아가는 시간을 효과적으로 활용하려면 그날 할 일이 무엇인지 전날에 미리 생각해 둬야 합니다. 오전 근무를 시작하면서 떠올리는 것은 다소 늦은 감이 있습니다.

하루를 힘차게 시작하는 것은 전날 밤을 얼마나 효율적으로 보냈느냐에 달렸습니다. 업무를 시작하면서 오늘 할 일이 무엇인지 일일이 떠올릴 필요가 없도록, 전날 밤에 일정을 미리 확인하면 시간 낭비를 줄일 수 있습니다.

물론 대단한 준비를 하라는 뜻은 아니에요. 매일 퇴근 전에 일정 조정을 하면, 다음 날의 일정이나 업무는 어느 정도 파악할 수 있습니다. 그것을 바탕으로 '내일은 이런 일이 있겠구나.' 하고 대략적으로 확인만 해도 충분합니다.

이때, 업무 외에도 개인적인 일정까지 함께 확인해 두시기 바랍니다. 점심시간을 이용해 병원 진료를 예약해야 한다거나, 퇴근 후에 학원 강의가 있다는 사실을 인지하거나, 귀가 전에 어디에 갈지 생각하는 식으로 점심시간이나 퇴근 후의 계획까지 머릿속으로 가볍게 시뮬레이션하는 느낌입니다.

이는 굳이 책상이나 컴퓨터 앞에 앉아 정리하거나 종이에 적어 볼 필요 없이 머릿속으로 대강 그려 보기만 해도 됩니다. 그러면 오전 업무를 수월하게 시작할 수 있음을 체감하실 겁니다.

참고로, 전날 밤 언제쯤 생각을 정리하면 좋을지 말씀드리겠습니다. 일기 예보를 확인할 때, 다음 날 입을 옷을 고를 때, 회사에 가지고 갈 물건을 챙길 때가 적당합니다. 침대에 눕거나 잠자리에 들기 직전에 하면 업무 생각 때문에 잠들기 어려워질 수 있으니 너무 늦지 않은 시간에 마무리하시는 것이 현명합니다.

하루는 아침에 시작하는 것이 아니라, 전날 밤에 시작한다.

21 출근 시간에 오늘 하루를 시뮬레이션한다

여러분은 출근길에 주로 무엇을 하며 시간을 보내시나요? 버스나 지하철로 통근하시는 분이라면 붐비는 대중교통 안에서 무언가를 할 여유가 없을지도 모릅니다. 어쩔 수 없이 스마트폰으로 SNS나 인터넷 뉴스를 가볍게 훑으며 시간을 보내는 분이 많겠죠. 자가용으로 통근하시는 분은 운전 중이므로 스마트폰을 사용하는 대신 라디오로 교통 정보나 뉴스를 들으실 겁니다.

이왕이면 그런 애매한 시간을 활용해 오늘 이어질 업무의 시간 효율을 높이는 건 어떨까요? 저는 출근길 지하철에서 그날 하루의 흐름을 머릿속으로 그렸습니다.

| '오늘은 오전 회의를 시작하기 전에 ○○ 님께 A 건을 확인받고

업무를 개시해야겠다. 오늘 오후에는 줄곧 혼자 작업할 수 있으니까, 다음 주에 있을 프레젠테이션 자료를 30% 정도 만들어서 퇴근 전에 메일로 보내 놓자. 다음 달에 있을 출장 준비도 시작해야지! 오늘 안으로 착수하자. 그리고 저녁에는 약속이 있으니까 절대 야근하면 안 돼. 자, 힘내자!'

저는 평소에도 일정 관리를 철저히 하는 편입니다. 할 일은 모두 캘린더 앱에 등록하고, 밤마다 다음 날의 일정을 미리 확인하기 때문에 일정 자체는 이미 머릿속에 들어 있습니다. 이렇게 사전 준비를 끝낸 상황에서 출근 도중에 머릿속으로 하루의 흐름을 시뮬레이션하면 자연스럽게 뇌를 업무 모드로 전환할 수 있습니다. 일종의 이미지 트레이닝이죠.

출근하면서 실천할 수 있는 간단한 방법이지만, 이 과정을 거치느냐 거치지 않느냐에 따라 하루의 컨디션이 상당히 달라집니다. 여러분도 꼭 한번 시도해 보시기 바랍니다.

출근길에 머릿속으로 하루의 흐름을 그리면 생각한 대로 흘러간다.

2장

이메일 및
업무 채팅의 효율화

22 이메일의 회신 순서를 구분한다

> "이메일 회신에 시간이 너무 많이 들어요."
> "업무 이메일에 답장하다가 오전이 다 지나갔어요."

업무 이메일로는 이런 고민을 많이 듣습니다. 실제로 바로 답장할 수 없는 이메일이나 다른 사람의 확인이나 조율이 필요한 이메일은 답장을 보내는 데 시간이 걸릴 수밖에 없죠.

그렇다고 무리해서 빠르게 답장하려고 하면, 전달하고자 했던 요지가 제대로 전해지지 않아 이메일을 계속 주고받거나, 커뮤니케이션 과정에서 오해가 생겨 나중에 곤란한 상황이 벌어질 수도 있습니다. 복잡한 내용을 다루는 이메일일수록 답장에 어느 정도 시간을 들이는 것은 불가피합니다.

하지만 두뇌 회전이 가장 원활한 오전을 이메일 작성으로만 보내는 것은 아까우며 시간 효율이 좋다고 할 수 없습니다. 그래서 **이메일은 '즉시 회신할 것'과 '나중에 회신할 것'으로 구분하여 순서대로 대응**하는 것이 좋습니다. 핵심은 우선순위를 정하는 데 있습니다. 아래의 기준을 참고해서 시간 효율을 높여 봅시다.

즉시 회신할 이메일

- 5분 이내에 답변할 수 있는 이메일: 어느 정도 정형화된 패턴으로 대응할 수 있는 것
- 긴급 이메일: 회신 기한이 임박했거나 즉각 대응하지 않으면 상대가 곤란해지는 것
- 중요 이메일: 중요한 고객에게서 온 것
- 여러 사람이 확인해야 하는 이메일: 회신이 지연되면 전체 업무가 멈출 우려가 있는 것

나중에 회신할 이메일

- 해석이 필요한 이메일: 내용이 복잡하거나 난해한 것
- 시간이 필요한 이메일: 답장을 작성하기 위해 사전 작업이 필요한 것
- 조율이 필요한 이메일: 타인의 확인이나 협의가 필요한 것

저는 회신을 나중으로 미룬 이메일을 잊지 않기 위해서 하루의 업무를 마무리할 때는 반드시 수신함을 확인합니다. 그리고 즉각 대응할 수 있는 이메일은 바로 회신하고, 회신에 시간이 걸리는 이메일은 언제까지 회신하겠다는 간단한 답변을 먼저 보낸 뒤에 일정에 넣어 둡니다. 후자는 언제까지 연락하겠다는 간략한 회신만 보내도 일 처리가 빠른 사람이라는 인상을 줄 수 있고, 신뢰라는 자산이 쌓입니다.

'중요·긴급·여러 사람이 연관된 이메일'은 먼저 회신하자.

23 서식을 활용해 효율적으로 대응한다

> "이메일에 빨리 답장하고 싶은데, 급하게 쓰다 보면 어조가 너무 퉁명스러워져서 오해받을까 봐 걱정이에요. 어떻게 하면 좋을까요?"

이러한 고민을 하시는 분께 간단한 데다 시간까지 단축할 수 있는 요령을 몇 가지 소개하겠습니다.

자동 완성에 자주 쓰는 문장을 등록하기

예를 들어 '잘'을 입력하면 '잘 부탁드립니다.'가 나오게 만드는 식으로 자주 사용하는 문장을 스마트폰의 자동 완성 기능에 등록해 두면 유용합니다. '바쁘신 와중에 송구합니다만' 같은 쿠션어나 자주 연락하는 거래처의 회사명을 등록해 두면 편리합니다.

비즈니스 메일을 템플릿으로 만들기

제가 비서로 일할 때는 '접대 안내', '회의 안내' 등의 템플릿을 미리 만들어 임시 보관함에 저장해 두었습니다(템플릿은 그대로 쓰지 말고 복사해서 사용합니다). 만들어 둔 템플릿의 문장을 꼼꼼히 살피며 필요에 따라 수정하는 식으로 활용하면, 이메일을 급하게 작성할 때도 무뚝뚝한 인상을 주는 것을 방지할 수 있습니다.

자주 쓰는 정보를 일람으로 정리하기

이메일에 자주 삽입하는 정보나 링크는 일람으로 정리해 두고, 필요할 때 복사해서 사용하면 좋습니다. 저장하면 유용한 정보로는 회사 방문 안내 시에 첨부할 지도나 회사의 정보가 담긴 홈페이지 주소 등이 있습니다.

이메일을 보내기 전에 맞춤법 검사 기능 돌리기

맞춤법에 자신이 없는 경우, 맞춤법 검사 기능을 활용하면 잘못된 표현을 바로잡을 수 있습니다. 미처 발견하지 못한 오·탈자도 잡아낼 수 있으므로 발송 직전에 한 번쯤 돌리는 것이 좋습니다.

문장을 쓰기 전에 포함할 내용을 항목별로 정리하기

템플릿으로 처리하기 어려운 경우, 이메일을 작성하기 전에 반드시 포함해야 하는 내용을 항목별로 나열해 봅시다. 예를 들어 행사 공지 이메일이라면 일시, 장소, 참가비, 준비물, 주의사항, 신청 마감일 등을 나열함으로써 누락을 방지할 수 있습니다. 그러면 정정 이메일을 보낼 일도 줄어듭니다.

작성 시간은 줄이고, 필요한 정보는 빠짐없이 담을 수 있는 기능을 파악하여 업무에 활용하자.

24 이메일을 작성할 때 명심할 세 가지 포인트

요지를 파악하기 힘든 이메일을 받으면 답장을 미루고 싶습니다. 반대로, 당신이 그런 이메일을 보내면 상대도 쉽게 답장할 수 없어서 업무가 지연될 수도 있습니다. 이처럼 시간 효율이 떨어지는 상황은 가급적 피하는 것이 좋겠죠.

상대에게 불필요한 스트레스를 주지 않고, 하고 싶은 말을 정확히 전달하려면 다음 세 가지 원칙을 염두에 두고 이메일을 작성해보세요. 즉 '간결하게, 알기 쉽게, 강조해서'입니다.

간결하게

제목과 본문 모두 짧게 작성합니다. 어떤 용건인지 한눈에 알아볼 수 있도록, 제목은 10자 이내로 요약하는 것이 좋아요. 본문은

한 줄에 20자 정도만 쓰고 행갈이를 하면 가독성이 올라갑니다.

알기 쉽게

본문은 결론 → 경위 → 상대의 이점이나 보충 설명 순으로 구성합니다. 대부분 글을 미괄식으로 써서 결론이 뒤에 나오지만, 결론을 앞쪽에 쓰면 내 의도가 훨씬 명확하게 전달됩니다. 결론을 간단히 말하고, 경위에서 이유를 설명한 뒤, 마지막에 상대가 얻을 수 있는 이점 또는 요청 사항, 보충할 내용 등을 덧붙입니다.

상대가 던진 질문에 대한 답장을 쓸 때는 받은 메일의 일부를 인용하는 형식으로 작성합시다. 그러면 메일의 취지가 한눈에 들어와 이해하기 쉬워집니다(102페이지 참조).

강조해서

중요한 부분이나 주목했으면 하는 내용은 적색, 볼드체, 밑줄 등으로 강조합니다. 예를 들어 '31일까지 부탁드립니다.' 또는 '서류를 지참해 주세요.'와 같은 문장에서 '31일'이나 '서류'를 눈에 띄도록 표시하면, 상대도 잊지 않을 것입니다.

이메일은 수신인이 답장하기 쉽도록 작성하자.

25 일정 조율 시에는 선택지를 제시한다

협업하는 사람과 일정을 합의하기 위해 이메일을 보내는 일은 생각보다 시간을 많이 잡아먹습니다. 많은 사람이 상대와 트러블을 빚지 않으려고 '편하신 날짜를 말씀해 주세요.'라며 전적으로 상대에게 맞추려는 문장을 작성하죠.

하지만 만약에 상대가 제시한 날짜가 당신의 일정으로 불가능한 날이라면 '그날은 일이 있어서 다른 날짜로 부탁드려도 될까요?'라고 보내서 처음부터 다시 조율해야 하며, 이메일을 주고받는 횟수도 늘어납니다. 상대가 편한 날짜를 말해 달라는 표현 자체가 나쁘다거나 틀렸다는 뜻은 아니지만, 시간 효율을 높이기 위한 관점에서는 좀 더 나은 방법이 필요해 보입니다.

가장 효율적인 방법은 여러분이 참석하기 편한 날짜를 3개 정도 제시하고 그중 괜찮은 날짜가 있냐고 묻는 것입니다. 추가로 '어려우시다면 그 외에 가능하신 날짜를 몇 개 보내 주시면 감사드립니다.'라는 문장을 덧붙이는 것이 이상적입니다.

상대와의 관계 때문에 내 쪽에서 먼저 제시하는 것이 부담스럽다면 '다음 주나 다다음 주쯤으로 편하신 날짜를 알려 주시면 감사드립니다.'라든가 '송구하오나 일정상 월요일과 화요일을 제외한 날짜로 부탁드리겠습니다.'처럼 본인의 일정을 어느 정도 반영한 형태로 범위를 좁혀서 물어보면, 상대에게 불쾌감을 주지 않으면서도 이메일을 반복해서 주고받는 수고를 줄일 수 있습니다.

일정을 편하게 조율할 수 있는 상대라면 직급 차이는 그렇게 크지 않은 경우가 대부분이겠죠. 그런 상대에게 지나치게 조심스러운 태도를 보이면 서로 양보하느라 이메일이 끝없이 오가고, 일정 조율에만 일주일이 걸리는 상황이 발생할 수도 있습니다.

실례가 되지 않도록 부드러운 표현을 사용하면서 후보 일정을 3개 정도 먼저 제시하면 상대도 판단하기 쉬워지고, 시간 효율을 높일 수 있습니다.

후보 일정을 제시해서 이메일을 주고받는 횟수를 줄이자.

26 답장이 필요치 않음을 미리 밝힌다

단순하게 생각해서 애초에 받은 이메일의 수가 적으면 이메일을 확인하거나 답신을 작성하는 데 드는 시간이 줄어듭니다. 그렇다면 이메일 수신을 조금이라도 줄이기 위한 방법이 없는지 고민해 볼 필요가 있습니다.

상대방이 단순히 확인했다는 내용으로 굳이 회신하지 않도록 만들어 주는 편리한 표현이 있습니다. 바로 '답장은 안 주셔도 됩니다.', '회신은 생략하셔도 괜찮습니다.' 같은 문장입니다.

상대는 이메일을 읽고 내용을 이해했다는 의사를 전하고자 답장을 보냅니다. 또 어떤 사람은 답장이 없어서 확인하지 않았다고 오해할 수도 있다는 생각에 배려하는 차원에서 회신하기도 하지요. 이런 경우에는 회신이 필요치 않다는 의사를 미리 전달해 두면 양쪽 모두 시간 효율을 높일 수 있습니다. 또한 일정 조율 건이라면 해당 일정이 어렵거나 변경할 사항이 있을 시에만 연락 달라고 덧붙여서 불필요한 의사소통을 줄일 수 있습니다.

바쁜 건 모두 마찬가지입니다. '확인했습니다.' 같은 간단한 회신도 쌓이면 읽는 데 시간이 걸리기 마련이죠. 애초에 답장을 보내야 하나 말아야 하나 고민하지 않도록, 처음부터 답장이 불필요함을 명시하는 것은 배려의 표현입니다.

이러한 방식은 일정 조율뿐만이 아니라 회식이나 이벤트 안내, 이미지나 간단한 자료 공유, 택배 발송 알림 등 여러 명에게 보내는 이메일에서 특히 효과적입니다. 확인했다는 회신이 몰리면 배려하는 마음으로 보냈다는 건 알지만 처리하는 데 시간이 제법 소요됩니다. 일하면서 이메일을 주고받을 때는 '답장은 필요 없습니다.'라는 문장을 적극적으로 활용해 보시기 바랍니다.

회신이 불필요할 시에는 미리 고지하는 것이 효율적이다.

27 예약 발송 기능을 활용한다

제가 보좌했던 임원들은 날마다 이메일을 수백 통씩 받곤 했습니다. 하루에 1천 통이 넘는 날도 있을 정도였죠. 수신인이 그런 상황이라면 내가 보낸 이메일을 놓쳤다고 해도 결코 이상한 일이 아닙니다. 하지만 만약 외부 조율과 관련된 중요한 내용을 놓치면 어떻게 될까요? 자칫하면 큰 문제로 이어질 수도 있습니다. 문제가되지는 않더라도 담당자의 업무에는 차질이 생깁니다.

하지만 상대가 이메일을 언제 읽을지는 모릅니다. 가능하다면최대한 빠르게 확인해 주기를 바라지만, 그렇다고 임원이나 거래처에 확인해 달라고 재촉할 수도 없는 노릇이고요.

이러한 문제를 해결하는 데 유용하게 쓸 수 있는 것이 바로 '예약 발송' 기능입니다. 이 기능을 활용하면 이메일을 발송하는 시간을 대략적으로 지정할 수 있습니다. 저는 임원이 수신함을 확인하는 오전 시간에 맞춰 도착하도록 예약해 둡니다.

이메일은 도착한 순서대로 쌓입니다. 즉 가장 최근에 도착한 이메일이 가장 위에 표시되는 구조죠. 전날 퇴근 이후부터 다음날 근무 시작 전까지 임원의 수신함에는 수많은 이메일이 쌓일 겁니다. 임원이 이메일을 확인하는 시간에 도착하도록 예약해 두면, 예약 발송으로 보낸 이메일이 수신함의 맨 위나 상단에 남게 되므로 눈에 띌 확률이 훨씬 높습니다.

그 결과, 이메일이 묻힐 가능성이 낮아지고 빠르게 대응해 줄 가능성도 커집니다. 오전에 답장을 받을 수 있으니 여러분의 업무도 훨씬 순조롭게 진행될 테고요. 또한 오전에 안내 이메일 또는 지시 이메일을 보낼 때도 예약 발송을 활용하면 발송을 깜빡하거나, 바빠서 나중으로 미루는 실수를 방지할 수 있습니다.

상대가 휴가 중이거나 주말이라 그 시점에 업무 메일을 보내는 일이 조금 꺼려질 때도 유용합니다. 상대의 출근 시간에 맞춰 예약을 걸어 두면, 여러분이 편할 때 이메일을 작성하면서도 받는 상대방을 배려할 수 있습니다.

상대가 이메일을 읽는 타이밍을 고려해서 보내자.

28 이메일은 꼭 필요한 것만 보관한다

| '그 이메일이 어디에 있더라?'

필요한 정보가 담긴 이메일을 찾느라 수신함을 뒤적인 경험은 누구에게나 한 번쯤 있지 않을까요? 검색 기능을 통해 바로 찾을 수 있다면 상관없지만, 동명이인이나 동일한 프로젝트로 받은 이메일이 많으면 일일이 확인해야 하는 번거로움이 뒤따릅니다.

그러므로 받은 이메일은 방치하지 말고 필요 없는 것은 삭제하거나 보관이 필요하다면 폴더로 분류해서 정리하는 것이 좋습니다. 그리고 이메일을 계속 쌓아 두면 수신함의 용량이 가득 차서 더 이상 이메일을 받을 수 없는 경우도 생깁니다. 그 지경까지 방치하면 삭제할 때 굉장히 번거롭고 귀찮겠죠. 그럴 바에는 평소에 수신함을 정돈해 두고, 필요한 이메일을 언제든지 빠르게 찾을 수 있도록 세팅하는 편이 훨씬 효율적입니다.

가장 먼저 할 일은 불필요한 뉴스레터 구독을 해지하는 것입니다. 애초에 이메일이 오지 않으면 지우거나 정리할 필요도 없겠지요. 거래처에서 보내는 뉴스레터처럼 구독을 해지하기 곤란한 이메일은 뉴스레터 전용 폴더를 만들어, 자동 분류 기능을 설정합시다. 그러면 자동으로 해당 폴더로 들어갑니다.

이렇게 삭제하지 않고 별도의 폴더에 보관하면 거래처와 만나기 전에 제목만 확인하거나 몇 통만 읽은 다음에 대화의 주제로 활용할 수 있습니다. 그리고 일정 기간이 지났을 때 한꺼번에 삭제하면 굳이 하나씩 찾아서 지울 필요가 없으니 편리하겠죠.

진행 중인 프로젝트와 관련이 있거나 보관할 필요가 있는 이메일은 '프로젝트명', '거래처', '내용' 등으로 분류한 폴더를 만들어서 대응을 마친 뒤에 해당 폴더로 옮깁시다. 그러면 필요할 때 폴더 내에서 이메일을 빠르게 찾을 수 있습니다.

또한 프로젝트가 종료되었거나, 더 이상 필요 없는 이메일, 이미 읽었거나 앞으로도 안 읽을 뉴스레터 등은 과감히 삭제해서 수신함의 용량을 확보하는 것이 좋습니다.

이메일은 폴더를 분류해서 검색 효율을 높이자.

29 수신함을 업무 관리에 활용한다

이메일을 단지 '의사소통을 위한 도구'일 뿐이라고 생각하면 제대로 활용하지 못하는 겁니다. 사실 수신함은 잘만 정리하면 업무 관리나 생각을 정리하는 데에도 유용하게 쓸 수 있습니다.

불필요한 이메일은 삭제하고 필요한 이메일만 카테고리별로 정리하는 습관을 들이면, 이메일 프로그램의 첫 화면인 수신함에는 현재 진행 중인 프로젝트로 주고받은 이메일이나 처리해야 할 업무 및 보고 등 최신 이메일만 남습니다.

즉 수신함을 보기만 해도 지금 처리해야 할 업무를 한눈에 파악할 수 있는 거죠. 이메일이 많이 쌓인 상태라면 해야 할 업무가 많은 상태고, 반대로 이메일이 적으면 업무가 순조롭게 진행되는 상태임을 인지할 수도 있습니다.

또한 이메일을 새로 보낼 때나 답장할 때, 자신을 참조인으로 넣는 게 효과적입니다. 그러면 회신한 이메일이 여러분의 수신함에도 들어오므로 해당 메일이 '답장을 기다리는 상태'임을 눈에 띄게 표시할 수 있습니다.

유용한 활용법이 하나 더 있습니다. 외근 중이나 휴일에 업무 관련 아이디어나 할 일이 떠올랐다면, 그 내용을 이메일로 써서 자신에게 보내는 것입니다. 그러면 다음날 출근해서 수신함을 열었을 때, 보내 둔 메일이 눈에 띄어 떠올렸던 업무나 아이디어를 잊지 않고 바로 대응할 수 있습니다.

메모를 컴퓨터나 스마트폰 등 여러 군데에 분산해서 저장하지 말고, 확인하는 루트를 이메일 하나로 고정하면 메모를 어디에 뒀는지 헤맬 일도 없겠죠.

이메일 프로그램은 본래의 용도 외에도 다양하게 활용할 수 있다.

30 수신자와 첨부 파일은 최소한으로

'일단 ○○ 씨는 참조에 넣는 게 좋겠다. 그럼 □□ 씨랑 △△ 씨도 넣는 게 좋을까?'

이런 식으로 참조자를 계속 추가한 적은 없으신가요? 혹시 모르니 업무 관계자를 전부 참조에 넣고 싶은 마음은 이해됩니다. 하지만 시간 효율의 관점에서 헤아리면, 참조자는 최소한으로 줄이는 게 바람직합니다. 왜냐하면 참조에 포함된 사람이 전부 회신하면 이메일 대응에 쓰는 시간이 그만큼 늘어나고, 수신함 용량도 불필요하게 증가하기 때문입니다.

기본적으로 수신자는 '회신이 필요한 상대', 참조는 '읽기만 해도 되는 상대', 숨은 참조는 '열람 의무조차 없는 상대'입니다. 하지만 이메일을 받은 이상 가급적 회신하는 게 좋겠다고 생각하는 친절한 사람도 적지 않죠.

그러므로 '이 사람과 공유해야 하는 정보일까?'를 항상 신중히 판단해야 합니다. 참조자를 지나치게 많이 추가하면, 사실상 불필요한 사람에게까지 정보를 전달하게 되어 상대의 시간을 빼앗는 것은 물론이고 정보도 필요 이상으로 노출됩니다.

또한, 관련 자료도 없는 것보다는 있는 게 낫다고 생각해서 습관적으로 첨부하는 경우가 많습니다. 그러나 여기서도 신중하게 접근할 필요가 있습니다. 왜냐하면 첨부 파일이 많아지면 그만큼 데이터 용량이 커지고, 상대방의 수신함 용량에 부담을 줄 수 있기 때문입니다.

정말 필요한 파일만 보내는 습관을 들이는 것과 동시에, 회사 내부 이메일이라면 파일을 첨부하지 말고 사내 클라우드 공유 폴더에 넣어 링크로 안내하는 방식이 좋습니다. 대부분의 회사는 보안상의 이유로 외부 인사에게 사내 폴더를 공유하는 것은 기본적으로 금지되어 있으니 주의하시기 바랍니다.

참조자를 늘리는 건 결국 나와 상대의 시간을 낭비하는 일이다.

31 답신은 적절한
시점에 끊는다

받은 이메일에 회신하면 제목에 자동으로 'Re:'가 붙습니다. 이 'Re'의 어원에는 여러 가설이 있지만, 대체로 'Reply(회신)', 'Regarding(~에 관하여)', 'Response(반응)' 등의 약어로 보며, 일반적으로는 '답장'이라는 의미로 받아들입니다. 제목에 'Re:'가 붙은 이메일은 답장이라는 사실을 한눈에 알 수 있어 편리합니다.

그런데 회신할 때마다 'Re:'가 계속 누적되는 경우가 있습니다. 그러다 보면 'Re: Re: Re: Re: Re:⋯'처럼 제목 칸이 'Re:'로 가득 차고 맙니다. 결국 제목만 봐서는 어떤 일로 주고받은 이메일인지 전혀 알 수 없는 상황이 벌어지겠죠.

물론 이 상태가 불편하긴 해도 지금까지 주고받은 내용을 확인할 수 있고, 회신이라는 점도 명확히 알 수 있으니 그냥 사용하시는 분도 많을 겁니다. 하지만 제목란이 본래의 기능을 못 해서 이메일의 우선순위를 파악하기 어려워집니다. 그래서 본문을 일일이 열어 봐야 하고, 이전 내용을 확인하려 해도 필요한 내용을 포함한 이메일을 직접 찾아야 하는 번거로움이 생기죠. 결코 시간 효율이 좋은 상태라고 보기 어렵습니다.

물론 지금까지의 흐름을 끊고 이메일을 새로 작성하는 것이 다소 부담스러울 수도 있지만, 시간 효율이 높은 방식을 원한다면 중요한 정보를 적절한 타이밍에 주고받는 것이 효과적입니다.

그래서 저는 대화 주제가 바뀌거나 중심 내용이 달라졌을 때는 회신 형태로 발송하는 것을 멈추고 새로 작성합니다. 상대를 배려하고 싶다면 '답신 이력이 길어져서 읽기 어려워 새로 보냅니다.' 같은 멘트를 덧붙이면 혼란을 방지할 수도 있습니다. 시간 효율을 떨어뜨리는 요소가 있다면 과감하게 제거하는 습관을 들이시길 바랍니다.

길게 이어지는 이메일은 주제가 바뀌는 시점에서 새로 보내자.

32 이메일과 메신저는 적절히 병행한다

요새는 이메일 외에도 다양한 비즈니스용 채팅 프로그램을 사용하는 회사가 증가하고 있습니다. 그래서 메신저와 이메일을 병행해서 쓰는 사람도 많아지고 있죠.

메신저는 간단한 메시지를 즉시 주고받을 수 있다는 점에서 매우 편리한 대화 수단입니다. 서두나 인사말 없이 바로 본론으로 들어갈 수 있고, 단체 채팅방에서 특정 상대를 지정해서 메시지를 보낼 수 있는 멘션 기능을 비롯해 이메일에는 없는 장점이 많습니다. 이러한 장점을 적극적으로 활용하면 업무를 진행하면서 시간 효율을 크게 끌어올릴 수 있습니다.

이메일과 메신저 사용을 병행할 때 기억해 두면 좋은 포인트는 두 가지입니다. 첫째는 '사용하는 프로그램을 제한하는 것'입니다.

여러 채팅 프로그램을 병행해서 사용하면 누구에게 어떤 메시지를 어느 프로그램에서 보냈는지 헷갈릴 수 있습니다.

업무용 메신저는 하나의 툴로 통일하는 것이 이상적입니다. 물론 대화 상대에 따라 프로그램을 다르게 써야 할 때도 있습니다. 그 경우는 '부장님과의 연락은 이 앱', '이 프로젝트의 외주자와는 이 프로그램'과 같이 구분해서 사용하면 혼란을 줄일 수 있습니다.

둘째는 '이메일과 메신저의 용도를 구분해서 사용하는 것'입니다. 짧게 물어볼 일인데도 이메일을 쓰는 것은 비효율적이고, 반대로 장문의 내용을 메신저로 보내는 것도 적절하지 않습니다. '간단한 질문이나 확인'은 메신저, '기록을 남겨야 하거나 내용이 길고 복잡한 커뮤니케이션'은 이메일을 권장합니다.

보안이 중요한 정보도 이메일을 쓰는 것이 좋습니다. 이메일 자체를 암호화하거나 정보 보호 모드로 설정하는 것, 그리고 첨부 파일에 비밀번호를 걸어 두는 것 역시 잊지 마시길 바랍니다.

간단한 질문이나 확인은 이메일보다 메신저가 효율적이다.

33 메신저 기능을 효율적으로 사용한다

메신저의 가장 큰 강점은 간편하게 소통할 수 있다는 것입니다. 그런데도 이메일을 사용할 때와 똑같은 방식으로 메신저를 사용해 버리면 그 장점을 제대로 살릴 수 없습니다. 예를 들어, 계절 인사를 길게 쓰거나 단순히 확인했다는 뜻을 전하기 위해 '알겠습니다. 잘 부탁드립니다.' 같은 메시지를 보낼 때는 굳이 채팅 프로그램을 쓸 이유가 없습니다.

채팅 프로그램에는 '알겠습니다.', '멋져요!', '축하해요!' 같은 짧은 메시지를 이모티콘으로 표현하는 기능이 있습니다. 다소 가벼운 분위기가 연출되기 때문에 업무 메시지에 이모티콘을 사용하는 것에 불편함을 느끼는 사람이 있을 수도 있습니다. 하지만 바로 그런 점이 메신저의 장점이며 활용 가치가 있습니다.

외부 인사와 대화할 때는 상황과 상대와의 관계를 고려해 판단해야겠지만, 적어도 직장 동료와 대화할 때는 이모티콘을 적극적으로 활용하는 편이 시간 효율을 높일 수 있습니다.

또 채팅 프로그램에는 채팅방에 속한 전원에게 공유할 내용을 '개요'나 '설명' 같은 방식으로 정리하는 기능이 있습니다. 자료 링크의 목록을 정리해 놓거나, 캘린더에 행사 일정을 기재하는 식으로 기본 공지나 공유하는 사항을 한눈에 보기 쉽도록 정리하면, 전달이 누락되는 상황도 줄일 수 있습니다.

말하자면 정보 공유와 확인을 하나의 화면에서 해결할 수 있다는 뜻입니다. 이처럼 채팅의 편리한 기능을 적극적으로 활용하면 이메일보다 훨씬 효율적으로 업무를 처리할 수 있어요.

다만 채팅 프로그램이 너무 편리한 나머지, 별생각 없이 채팅방을 계속 생성하다 보면 용도를 헷갈리기 쉽습니다. 채팅방 수는 불필요하게 늘리지 말고, 생성과 동시에 이름을 명확하게 붙여야 합니다. 또한 아이콘이나 이미지를 바꾸는 식으로 한눈에 구분할 수 있도록 주의를 기울입시다.

메신저의 고유 기능을 적극적으로 활용하자.

이메일 본문 인용*에 대하여

- 내용은 간결하게 정리한다.
- 중요한 부분은 다른 색이나 굵은 글씨 등으로 강조한다.
- 문장이 길어지면 단락을 나누어 가독성을 유지한다.
- 너무 많이 인용하면 본문이 길어질 뿐만 아니라 답변을 알아보기 어려우니 주의한다.

받은 메일

> 안녕하세요.
>
> 이번 제품과 관련해 몇 가지 확인해 주셨으면 하는 점이 있습니다.
> 제품의 견적을 받았는데, 첨부하신 내용으로 괜찮으신지요?
> 혹은 다른 견적을 생각하고 계실까요?
>
> 다음 미팅은 x월 x일 또는 xx월 xx일, 10:00–11:00 혹은 11:00–12:00
> 로 잡고 싶은데, 괜찮으실까요?
>
> 그 미팅 때,
> a.xxx

b.xxx

c.xxx

에 대해 논의할 수 있으면 감사하겠습니다.

연락 기다리겠습니다.

인용 없이 회신한 경우

안녕하세요.

지난번에 보내 주신 메일과 관련하여 이번 제품의 견적에 대해서는
보내드린 내용으로 진행해 주시면 감사드리겠습니다.

또한, 다음 미팅은 x월 x일 10:00–11:00로 부탁드립니다.

그 미팅 때
a.xxx
b.xxx
c.xxx
와 관련해 논의하도록 하겠습니다.

- 파일 첨부가 아니라 이메일 본문에 이미지, 표, 링크, 특수 기호 등 다양한 요소
를 게시하는 방식을 의미한다. 정보 전달에 효과적이라는 장점이 있다.

인용하여 회신한 경우

안녕하세요.

지난번에 보내 주신 메일과 관련하여 말씀드립니다.
아래와 같이 정리해서 보내드립니다.

> 제품의 견적을 받았는데, 첨부하신 내용으로 문제없으신지요?
→ 네, 첨부드린 내용으로 진행해 주시면 감사드리겠습니다.

> 다음 미팅은 x월 x일 또는 xx월 xx일, 10:00–11:00 혹은 11:00–12:00로 잡고 싶은데, 괜찮으실까요?
→ x월 x일 10:00–11:00로 부탁드립니다.

>그 미팅 때,
a.xxx
b.xxx
c.xxx
에 대해 논의할 수 있으면 감사하겠습니다.
→ 알겠습니다.

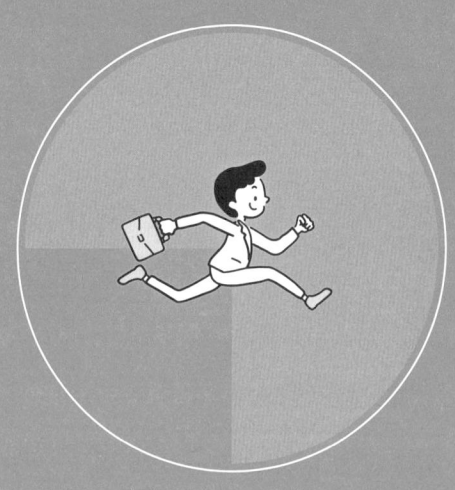

3장

일이 잘 풀리는
업무 환경 만들기

34 5분 안에 끝낼 수 있는 일부터 시작한다

아침은 하루 중 에너지가 가장 충만한 시간대입니다. 이 시간에는 중요하거나 생각이 많이 필요한 업무부터 진행하면 시간 효율을 높일 수 있습니다. 여기에 더해 본격적으로 업무를 시작하기 전에 '5분 안에 끝낼 수 있는 간단한 일' 몇 가지를 처리해 두면 하루의 흐름에 탄력이 붙습니다.

일정 변경, 간단한 회신, 비품 주문, 사소한 수정 등의 가벼운 업무를 예시로 들 수 있겠죠. 이런 자잘한 일은 금방 끝낼 수 있다는 이유로 미뤘다가 잊어버리고 쌓아 둘 때가 많습니다.

전날 퇴근 후부터 오늘 출근 전에 생긴 가벼운 업무는 아침에 바로 처리합시다. 그러면 업무가 쌓이지 않는 데다가 일이 잘 풀리는 듯한 기분이 들어서 하루를 기분 좋게 시작할 수 있어요.

그리고 출근하면 수신함 확인부터 하시는 분이 많을 텐데요. **아침에 하는 회신은 '5분 안에 처리할 수 있는 간단한 이메일'로 제한하는 것이 좋습니다.** 고심해서 답장해야 하는 이메일까지 아침에 처리하려고 하면 오전이 금방 지나가고 맙니다.

중요한 이메일은 일단 내용을 훑어보는 정도에서 멈추고, 회신은 중간에 여유 시간이 생겼을 때나 49페이지에서 소개한 '예비 시간' 혹은 다음 날에 처리해도 좋습니다. **회신을 미룬 이메일은 반드시 '읽지 않음' 상태로 돌려놓는 것도 잊지 마세요.**

바로 회신할 이메일과 그렇지 않은 이메일의 구분 기준은 '이메일의 회신 순서를 구분한다'(76페이지)에서 설명한 내용을 참고하시면 됩니다.

오전에 간단한 업무를 처리하면 하루의 흐름에 탄력이 붙는다.

35 업무에 필요한 자료는 미리 준비한다

필요한 파일을 어디에 저장했는지 잊어버려서 자료를 찾느라 시간을 허비하거나 업데이트 때문에 컴퓨터를 다시 시작하는 바람에 업무 도중 집중이 끊기는 경우가 종종 있습니다.

이런 식으로 업무의 흐름을 끊는 예상 밖의 방해 요소들은 생각보다 많고, 그때그때 대처하면 시간 효율이 뚝 떨어지기 마련입니다. 따라서 이런 함정은 미리 메워 두는 게 좋습니다.

저는 항상 그날 업무에 필요한 파일은 아침에 전부 열어 둡니다. 예를 들어, 오늘 프레젠테이션 자료를 만들어야 한다면 PPT를 실행한 다음에 삽입할 텍스트나 이미지 파일도 미리 열어서 바로 작업에 들어갈 수 있도록 준비하는 거죠.

저는 그날 예정된 다른 업무들도 사용할 파일이나 앱을 미리 세팅해 둡니다. 이러면 업무 도중에 필요한 파일을 찾거나 업데이트를 실행하느라 업무의 흐름이 끊기는 상황을 방지하고, 작업에 온전히 집중할 수 있습니다.

여기에는 또 하나의 장점이 있습니다. 일을 하나씩 끝낼 때마다 관련 파일이나 앱도 하나씩 끌 수 있으니, 아침에는 정신없던 데스크톱이 시간이 지날수록 정돈되는 모습이 눈에 들어옵니다. 즉 업무 진행을 '시각화'할 수 있습니다. 데스크톱이 깔끔해질수록 성취감을 느끼고, 마치 게임을 하는 듯한 재미를 느낄 수 있죠.

모든 파일과 앱이 닫혀서 하단의 바가 깨끗해지면 오늘치 업무는 다 끝냈다는 뜻입니다. 컴퓨터도 말끔해지고 마음도 상쾌해지죠. 시간 효율을 높이는 데 도움이 될 뿐만 아니라, 기분 좋게 일할 수 있는 소소한 팁입니다.

집중을 방해하는 요소는 아침에 미리 제거해 두자.

36 업무는 종류별로 구분해서 처리한다

사람의 뇌는 멀티태스킹에 강하지 않다고 합니다. 여러 업무를 동시에 처리하면 의식이 분산되어 실수가 잦아지고 집중하기도 어렵죠. 많은 작업을 병행하거나 짧은 간격으로 진행하는 작업을 바꾸면 피로감을 심하게 느끼시는 분도 많을 겁니다.

노력하면 멀티태스킹을 할 수 있다고 말하는 사람도 있겠지만, 무리하다가는 오히려 시간 효율을 높인다는 본질에서 벗어나고 맙니다. 멀티태스킹을 피하는 방법을 적극적으로 고민하고 실천하는 편이 자연스럽게 시간 효율을 높일 수 있습니다.

1) A사에 보낼 견적서를 만들고, 2) B사와 함께 진행하는 프로젝트의 자료를 만들기 위해 수신함을 뒤지고, 3) C사로부터 온 이메일에 회신하고, 4) A사 웹사이트를 보면서 제안서를 작성하는

식의 작업 순서를 생각해 봅시다. 신경 써야 하는 회사가 매번 바뀌므로 업무에 따라 의식을 전환해야 하고, 사용하는 툴도 달라지므로 뇌에 상당한 부담을 줍니다.

이러한 작업 흐름을 '작업의 종류', '거래처', '프로젝트', '사용 툴' 등 일정한 범주로 묶어서 처리하면 뇌에 가해지는 부담을 크게 줄일 수 있습니다.

'A사'를 하나의 단위로 설정해서 1) 견적서 작성, 4) 제안서 작성 업무를 연달아 처리하는 쪽이 훨씬 피로감이 적습니다. 게다가 A사에 견적서를 발송할 타이밍에 맞춰서 3) C사의 이메일에도 회신하고, 2) B사 관련 이메일 이력을 확인한 뒤에 바로 프로젝트 자료를 만들면 수신함을 여는 일도 한 번으로 끝낼 수 있습니다.

예시를 하나 더 들까요? 청구서를 작성할 일이 있다면 다른 거래처에 보낼 청구서도 함께 작성하세요. 시간은 더 들더라도 파일을 다시 열거나 계산기를 꺼내는 횟수를 줄일 수 있습니다.

업무에 착수하기 전에는 어떤 순서로 진행하면 효율적일지 한번쯤 생각해 보는 습관을 들이는 것이 좋습니다.

항상 효율적인 작업 순서를 고민하자.

37 집중력이 흐트러지면 짧은 휴식을 취한다

제가 보좌했던 임원들은 하루 종일 매우 바쁘게 일했고, 점심도 여유롭게 먹지 못하는 경우가 많았습니다. 그들이 바쁜 일정에도 지치지 않고 능률적으로 업무를 처리할 수 있었던 건 짧은 휴식을 자주 취했기 때문일지도 모릅니다.

여기서 말하는 휴식이란, 의자에 앉아 멍하니 쉬는 시간이 아닙니다. 임원들은 그런 여유조차 누릴 시간이 없었죠. 그래서 다른 방식으로 짧은 휴식을 자주 가졌습니다. 회의가 끝나고 다음 회의를 진행하기 전이나 임원실로 돌아가는 이동 시간 등이 그랬습니다.

그들은 회의실에서 진행할 수 있는 미팅인데도 밖으로 나가기 위해 외부 카페 또는 사내 공용 공간을 사용했습니다. 일부러 다른 층의 회의실을 사용한 적도 있었습니다. 장소를 바꾸거나 걷는 행위 자체가 짧은 휴식과 재충전으로 이어지기 때문이죠.

집중력의 지속 시간은 사람마다 다릅니다. 하지만 근무 시간을 꽉 채워서 집중력을 유지하며 두뇌를 혹사시키는 행위는 그 누구도 할 수 없습니다.

인간이 집중할 수 있는 시간은 생각보다 짧기 때문에 '포모도로 기법Pomodoro Technique'이라 불리는 시간 관리법이 고안되기도 했습니다. '25분간 집중하고 5분간 쉬는 과정을 1세트로 묶고, 4세트를 실시하면 15~30분간 휴식을 취하는 방식'으로, 높은 집중력을 유지할 수 있습니다. 이처럼 의식적으로 짧은 휴식을 취하면 집중력을 보다 오래 유지할 수 있어 시간 효율이 올라갑니다.

휴식 중에는 앞서 언급한 임원들처럼 의도적으로 자리를 떠나거나 가볍게 걷는 것이 좋습니다. 장시간 앉아 있는 것은 혈액 순환을 방해해 건강에도 좋지 않습니다. 마실 물을 가지러 간다든지, 복사하러 간다든지, 일어나서 심호흡하거나 간단한 스트레칭을 하는 등 몸을 조금이라도 움직이면 더 효과적으로 쉴 수 있습니다. 점심에 산책하는 것도 훌륭한 재충전 방법입니다.

짧은 휴식을 자주 가지며 뇌를 회복하자.

38 떠오른 업무는 바로 포스트잇에 적는다

회의나 미팅 중에 갑작스럽게 좋은 아이디어가 떠오르거나 나중에 검토할 일이 머릿속에 스칠 때가 있지요. 하지만 시간이 났을 때 적어 두자고 생각하면서 눈앞에 닥친 일을 우선했다가는 반짝 떠올랐던 생각은 금세 휘발되어 나중에 기억하지 못하는 일이 생깁니다. 그래서 저는 포스트잇을 활용합니다.

반드시 책상 위에 포스트잇을 준비해 두고, 돌연 떠오른 아이디어나 새롭게 생긴 일은 그 자리에서 바로 포스트잇에 적어 둡시다. 이때 포인트는 '작업 하나에 포스트잇 한 장'입니다. 너무 작으면 적기 불편하고, 너무 크면 불필요한 내용까지 적을 수 있으므로 저는 보통 2.5×7.5cm 포스트잇을 즐겨 사용합니다.

미팅이 끝나는 즉시 포스트잇을 확인해서 바로 처리할 수 있는 일은 그 자리에서 해치우고, 작업이 끝나면 곧바로 포스트잇을 버립니다. 당장 처리하기 힘든 일은 일정표에 기입한 뒤에 포스트잇은 버리는 식으로 포스트잇을 즉각 폐기합니다.

사무실이 아니라 외부에서 일하는 경우도 마찬가지입니다. 할 일을 포스트잇에 적어 노트북에 붙인 채 그대로 들고 나갑니다. 이때도 '작업 하나에 포스트잇 한 장'이라는 원칙을 지킵니다.

그 자리에서 끝낼 일이라고 판단하면 해당 업무는 다 끝내고 나가야겠다는 마음가짐이 자연스럽게 생기고, 시간 효율도 올라갑니다. 게다가 포스트잇을 활용하면 업무 목록이 시각화되므로 업무량과 진행 상황을 한눈에 파악할 수 있습니다. 업무를 끝내고 포스트잇을 버릴 때 생기는 작은 성취감도 소소한 장점입니다.

간단한 일은 한 가지씩 포스트잇에 적자.

39 점심은 붐비지 않는 시간대에 해결한다

대부분의 직장은 정오에 점심을 먹습니다. 하지만 12시에 나가면 식당은 피크 타임을 맞아 매우 혼잡하죠. 맛집처럼 인기 많은 가게는 대기를 거는 걸 피할 수 없습니다. 그러나 줄을 서느라 점심시간을 무의미하게 보내는 건 아쉬울 거예요.

그래서 점심시간은 11시 30분, 혹은 11시 45분에 시작하는 걸 추천합니다. 12시 이전에 가게에 들어가면 줄을 서지 않아도 되는 경우가 많습니다. 아예 피크 타임이 지난 오후 1시도 괜찮습니다.

또한 점심을 먹기 위해 외출하는 김에 다른 용무도 함께 처리하면 시간 효율을 더 높일 수 있습니다. 우체국, 은행 등의 업무를 처리하기 위해 11시쯤 나가서 돌아오는 길에 점심을 먹거나 음식을 포장하면 외출을 한 번으로 줄일 수 있습니다. 물론 점심시간

이후에 볼일을 봐도 괜찮습니다만, 은행 창구는 보통 그때 가장 붐비기 때문에 미리 다녀오는 편이 더 효율적입니다.

책상에서 도시락을 먹으면, 점심시간을 간단한 리서치 타임으로 활용함으로써 시간을 더 알차게 쓸 수 있습니다. 꼭 업무 관련 리서치를 할 필요는 없습니다. 임원들도 종종 책상에서 식사하면서 무언가를 찾아보거나 정보를 수집하곤 했습니다.

참고로 임원들은 일정이 바쁘면 점심을 30분 만에 해결했습니다. 속으로는 쉬고 싶다고 생각해도 여유가 없으니 어쩔 수 없었죠. 물론 그들도 여건이 된다면 식사를 해결한 뒤에 근처 서점이나 카페에 가서 휴식을 취했습니다.

식사 시간을 살짝 조정하면 시간을 효율적으로 쓸 수 있다.

40 자투리 시간에 처리할 업무 리스트를 만든다

바쁘게 업무를 처리하는 나날을 보내는 와중에도 문득 시간이 빌 때가 있습니다. 예를 들어, 미팅 장소에 일찍 도착했을 때나 커피를 사기 위해 줄을 서고 있을 때, 온라인 미팅 직전에 상대로부터 10분 정도 늦는다는 연락을 받았을 때 등이 그렇지요.

주어진 시간이 짧으면 본격적으로 일하기도 애매해서 스마트폰을 만지며 멍하니 시간을 허비하는 사람이 많습니다. 하지만 일을 잘하는 사람들은 자투리 시간도 알차게 활용합니다. 그래서 저는 자투리 시간에 이런 일들을 처리했습니다.

- 수신함 정리(불필요한 이메일 삭제, 폴더 분류 등)
- SNS 댓글 작성이나 받은 댓글에 답글 작성

- 영수증 정리
- 책상 정돈
- 다운로드 폴더 정리
- 불필요한 파일 삭제

직무나 업무에 따라 세부적인 것은 다르겠지만, 잘 생각하면 틈새 시간에 처리할 수 있는 일은 꽤 많습니다. 그래서 저는 '5분이면 끝낼 수 있는 업무 리스트'를 만들어 이메일 임시 보관함이나 클라우드 메모에 넣어 두고, 자투리 시간에 처리했습니다.

일부러 리스트 형식으로 작성하는 데에는 이유가 있습니다. 짬이 나면 뭐라도 해야겠다는 막연한 다짐만으로는 결국 같은 일만 반복하기 때문이죠. 시각화해서 정리하면 할 일을 꼼꼼하게 챙길 수 있습니다.

어정쩡한 대기 시간은 잡무를 처리할 수 있는 보너스 타임이다.

41 방해 요소가 없는 환경을 만든다

숫자를 다루거나 문서를 작성하는 업무는 몰두해서 작업해야 실수를 저지르지 않습니다. 이럴 때 누가 말을 걸거나 소음이 들리면 집중력이 흩어지기 때문에 **작업하기 전에 집중할 수 있는 환경을 만들어 두는 것이 중요합니다.**

우선, 컴퓨터 화면에 뜨는 이메일이나 메신저 팝업은 끄세요. 그리고 집중을 방해하는 주범인 스마트폰도 알림을 끄고 가방이나 서랍 같은 눈에 띄지 않는 곳으로 치웁니다. 그리고 사무실에 있다면 주변 동료들이 말을 걸지 않도록 만드는 것도 중요합니다.

말을 거는 사람이 생기면 그때 가서 대응하면 된다고 생각할 수도 있겠지만, 그럴 때마다 집중이 끊긴다는 점에서 비효율적입니다. 애초에 말을 걸 수 없는 분위기를 만드는 게 좋습니다.

가장 확실한 방법은 자리를 떠나는 것입니다. 사내에 혼자 사용할 수 있는 회의실이나 작업 부스가 있다면 그곳을 활용해 보세요. 자리를 떠나 진지한 표정으로 작업하면, 집중하고 있으니 방해하지 말라는 메시지를 자연스럽게 전달할 수 있습니다.

이런 식의 '무언의 어필'은 생각보다 효과가 좋습니다. 제가 보좌했던 임원들도 무언의 어필에 능숙했습니다. 집중을 방해받고 싶지 않으면 이어 플래그를 꽂거나, 음악을 듣지 않아도 이어폰을 끼거나, 평소에는 열어 두는 문을 일부러 닫는 식으로 쉽사리 말을 걸 수 없는 분위기를 연출하곤 했습니다. 만약 재택근무자라면 라디오나 TV를 끄는 건 말할 필요도 없겠지요.

집중할 때는 각종 알림을 끄고, 사람들의 시야에서 벗어나자.

42 여유가 생기면 다음 업무를 챙긴다

이 책에서 소개하는 시간 효율을 높이는 요령을 활용하다 보면, 시간이 생각보다 많이 남았다고 느끼는 순간이 찾아오죠. 이때는 앞으로 1~3개월 이내에 처리해야 하는, 급하지는 않지만 미리 해 두면 도움이 되는 작업을 앞당겨서 처리하는 걸 추천합니다.

가령, 한 달 뒤에 시작할 예정인 프로젝트가 있다고 합시다. 프로젝트에서 사용할 프레젠테이션 자료의 틀을 잡아 두거나, 랜딩 페이지˙의 시안을 구상해 보거나, 외주 작업자에게 보낼 의뢰에 포함할 내용을 리스트업하는 식입니다.

˙ 광고 또는 마케팅 이메일을 클릭했을 때 뜨는 단일 페이지로, 잠재 고객 확보에 사용한다.

여기서 중요한 포인트는 '완성까지 몰아붙이는 게 아니라 가볍게 손만 대는 것'입니다. 대략 작업의 10% 수준이라고 생각하면 좋습니다. 왜 10%인가 하면, 프로젝트를 실제로 진행하는 과정에서 계획이 변경될 수 있기 때문입니다.

현 시점의 정보만으로 작업을 완성하면, 나중에 대폭 수정하거나 처음부터 다시 만들어야 하는 상황이 생길 수도 있죠. 그래서 변경 사항이 생겨도 진행에 지장이 없을 만큼 가볍게 작업하는 편이 좋습니다. 그리고 작업을 시작하면 추가로 필요한 작업, 남은 작업량, 소요 시간 등을 가늠할 수 있습니다.

프로젝트에 착수하면 예상치 못한 일이 생기기 마련입니다. 업무를 부탁하려던 상대가 갑자기 시간이 안 된다고 거절하거나, 프로젝트 자체가 지연될 수 있습니다. 미리 업무를 시작했다면 지연된 부분을 신속하게 만회하거나, 돌발 상황에 침착하게 대응할 수 있는 여지가 생깁니다.

여유가 생겨서 추후의 업무에도 손을 댈 수 있는 상태가 된다면, 여러분의 시간 효율성은 상당히 발전했다고 볼 수 있습니다.

다음 업무를 미리 시작하면 시간에 쫓기는 상황이 크게 줄어든다.

43 자주 하는 업무는 매뉴얼로 만든다

직종이나 업무에 따라 반복적으로 발생하는 일이 있습니다. 그 중에는 정기적으로 생기는 업무도 있지만, 비정기적이면서도 빈번하게 생길 것이 분명한 업무도 있지요. 이렇게 한 번으로 끝나지 않을 것 같은 일이 있다면, 그에 필요한 작업이나 간단한 흐름을 리스트로 정리하는 것만으로도 시간 효율은 크게 올라갑니다.

제가 비서였던 시절에는 회의, 미팅, 접대 등의 일정 조율과 안내를 자주 맡았습니다. 그래서 해당 업무에 필요한 작업을 항목별로 정리해서 이메일의 임시 보관함(초안)에 넣고 사용했습니다.

실제로 그 업무를 할 때는 리스트를 보면서 빠트린 작업이 없는지 확인하며 하나씩 처리해 나갔습니다. 업무에 확신이 생기면 안심하고 일할 수도 있습니다. 이 방법은 1년에 몇 번 정도 또는 격

년으로 발생하는 업무에도 효과적입니다.

　우리는 어떤 일을 막 처리했을 때는 다음에 똑같은 일이 발생하면 더 쉽게 처리할 수 있다고 자신합니다. 하지만 사람의 기억력은 생각보다 쉽게 흐려지기 때문에 시간이 지나 다시 그 업무를 맡았을 때는 프로세스가 떠오르지 않아 당황할 확률이 높습니다. 게다가 바쁘고 피로한 상태에서는 실수할 확률이 크죠.

　그런 리스크를 줄이려면 꼭 '매뉴얼'이라는 거창한 형식이 아니더라도 업무 흐름을 간단하게나마 정리하는 것이 좋습니다. 물론 매뉴얼 작성이 번거롭게 느껴질 수도 있습니다. 하지만 '급할수록 돌아가라'라는 말처럼 한 번만 시간을 들이면 이후로는 수월하게 처리할 수 있고, 실수도 방지할 수 있습니다. 충분히 그만한 가치가 있는 수고인 셈입니다.

반복적인 업무는 체크 리스트로 정리하자.

44 회의용 자료는 핵심 내용만 담는다

최근에는 온라인 회의가 많아졌죠? 스마트폰으로 참가하는 사람도 있고, 대면 회의에서도 스크린이나 대형 디스플레이에 자료를 띄워서 그걸 보며 논의하는 경우가 많습니다.

이런 회의용 자료를 만들 때 중요한 포인트는 무엇일까요? 저는 '글씨를 크게 쓰는 것'이라고 생각합니다. 최대한 많은 정보를 전달하기 위해 이것저것 넣다 보면 어느새 프레젠테이션에 텍스트가 가득해집니다. 정보량이 많은 만큼 글자 크기가 작아져서 참석자들이 읽기 불편해지죠.

참석자들이 프레젠테이션의 글자를 읽는 데 스트레스를 느끼면, 분위기나 회의 진행에도 영향을 줄 수 있습니다. 무엇보다도 필요한 정보를 제대로 전달하지 못하는 자료는 아무리 잘 만들어도 무의미합니다.

| "글씨를 크게 작성하면 정보량이 줄어드는 거 아닌가요?"

이런 걱정이 들 수 있습니다. 실제로 글자 크기를 키운 만큼 담을 수 있는 내용이 줄어드니까요. 하지만 회의용 자료를 만드는 본래의 목적을 생각해 봅시다. 회의란 자료를 바탕으로 논의하는 자리이지, 자료를 정독하는 시간이 아닙니다.

그렇다면 정말 필요한 핵심 정보만 기입하고, 나머지는 말로 보완하면 충분합니다. 애초에 회의 자료란 회의를 보조하는 도구일 뿐, 회의의 주인공이 아닙니다. 굳이 많은 시간을 들여 공들인 자료를 만들 필요도 없습니다. 비슷한 회의에서 사용했던 기존 자료를 수정하는 정도로 충분합니다.

또한 회의 자료에 자주 삽입하는 데이터, 예를 들어 회사 매출 추이 같은 그래프나 이미지, 관련 URL 등은 아예 목록을 정리해 뒀다가 필요하면 바로 불러와 사용하는 게 훨씬 효율적입니다.

회의 자료는 어디까지나 보조라는 전제하에 준비하자.

45 완성도가 30%일 때 피드백을 받는다

열심히 만든 자료를 상사에게 제출했는데, 여러 지적을 받거나 다시 만들어 오라는 말을 들은 경험이 있으신가요? 누구나 그런 뼈아픈 경험이 있을 겁니다. 다음부터는 30% 정도 완성한 상태에서 상사에게 피드백을 받는 건 어떨까요? 이는 진행 방식을 드러내며 작업을 계속 진행해도 괜찮은지 확인받는 방식입니다.

여기서 말하는 30%는 '어디에 어떤 내용을 넣을 것인가?'를 간략하게 구성한 정도로, 일종의 초안이나 골격이 갖춰진 상태를 말합니다. 구체적인 텍스트나 데이터는 비어도 상관없습니다. 설계도 단계에서 어떠한 방향성으로 나아갈 것인지, 그리고 누락한 항목이 없는지 상사에게 점검받는 거죠.

이 시점에서 상사에게 의견을 물으면 추가할 내용이나 데이터가 어떤 것인지 피드백을 받을 수 있습니다. 그 의견을 반영하여 실제 문장과 데이터를 채워 세부적으로 다듬어 가면 됩니다.

만약 이 단계에서 방향이 전혀 다르다거나 처음부터 다시 만들라는 피드백을 받아도, 아직 30%에 불과한 단계이기 때문에 손해가 크지 않고 부담도 적습니다. 오히려 완성하기 전에 알게 되어서 다행이라고 생각하는 것이 맞습니다.

반대로 당신이 누군가에게 자료 작성 업무를 맡기는 입장이라면, 서로의 수고를 줄이기 위해서라도 처음부터 '자료의 목적과 최종 목표'를 충분히 공유하는 것이 중요합니다. 예를 들어, 그 자료가 고객을 유치하기 위한 것인지, 사내 임원에게 보일 프레젠테이션 자료인지에 따라 필요한 정보나 구성 방식이 완전히 달라지기 때문입니다. 목표가 명확하면 방향성이 크게 어긋난 자료를 만드는 실수도 줄일 수 있습니다.

또한 이전에 사용한 자료 중에서 참고가 될 만한 것, 예시로 쓸수 있는 것이 있다면 공유해 주세요. 상대의 수고를 덜어내는 것이 곧 내 수고도 줄이는 길입니다. 그리고 자료를 완성한 후에는 컴퓨터의 운영 체제에 따라 글자가 깨지는 사고가 나지 않도록 PDF로 변환하는 것도 잊지 맙시다.

먼저 목표를 확인하고 자료 작성을 시작하자.

46 활기찬 음악으로 지루함을 예방한다

복잡한 작업을 할 때 음악을 들으면 집중에 방해됩니다. 하지만 오히려 음악이 시간 효율을 높여 주는 상황도 있습니다. 바로 머리를 많이 쓰지 않아도 되는 작업이나 단순 노동을 할 때입니다. 예를 들어, 경비 정산을 위해 영수증을 붙이거나 서류를 봉투에 넣는 작업처럼 자칫하면 느슨해지기 쉬운 업무를 할 때는 음악을 틀어 두는 것이 의욕을 끌어올리는 데 도움이 됩니다.

활기찬 곡이나 좋아하는 음악 등 기분이 고조되는 음악이 좋습니다. 이런 음악은 단순한 반복 작업 중에 조는 걸 막는 효과도 있습니다. 저도 간단한 데이터 확인이나 단순 입력 작업을 할 때는 음악을 듣습니다. 최근에는 록 밴드 '미세스 그린 애플Mrs. GREEN APPLE'의 음악을 즐겨 듣는데, 전반적으로 밝고 기운 나는 곡이 많아 텐션을 올리고 싶을 때 듣습니다.

임원이라고 하면 집중을 위해 조용히 일할 것 같지만, 의외로 제가 보좌했던 임원들도 음악을 자주 들었습니다. 임원실에 백그라운드 뮤직으로 음악이 흐르기도 했고, 이어폰으로 듣기도 했습니다. 외국인이라면 모국어로 된 음악을 듣기도 했죠.

일반적으로 머리를 써야 하는 작업을 할 때는 음악을 듣지 않는 것이 좋다고 하지만, 가사가 없는 음악이나 클래식 등은 오히려 집중력을 높이는 데 도움이 되기도 합니다. 사무실에서 일할 때는 물론, 카페에서 일할 때 주변 소음을 차단하려는 목적으로 이어폰을 끼고 클래식을 듣는다는 지인도 있습니다.

다만, 사람에 따라 음악이 집중에 도움이 안 될 수도 있으므로 자신의 상황과 취향에 따라 시간 효율을 높이는 도구로 음악을 활용해 보시기 바랍니다.

단순 작업에는 활기찬 음악, 머리를 쓸 때는 클래식을 듣자

47 좋아하는 것으로 의욕을 끌어올린다

해외 영화에는 사무실 책상 위에 가족이나 반려동물의 사진을 두는 모습이 자주 나옵니다. 단지 영화적 연출이 아니라 실제로 외국은 책상에 사진을 두는 사람이 많습니다. 제가 보좌했던 임원들 역시 책상에 꼭 무언가를 뒀습니다. 배우자나 자녀 등 가족의 사진이 가장 흔했지만, 취미와 관련 있는 사진을 두기도 했습니다.

다이빙이 취미인 임원은 바닷속을 촬영한 사진을 뒀습니다. 그러다 누군가가 그 사진을 보고 '다이빙을 좋아하시나요?'라고 말을 건네자, 임원이 그렇다고 대답하면서 대화가 이어졌습니다. 결과적으로 두 사람은 함께 오키나와로 다이빙 여행을 떠날 만큼 가까워졌습니다. 이처럼 책상 위에 두는 사진은 주변 사람들과의 대화 소재가 되고, 유대감 형성에도 긍정적인 역할을 합니다.

인형이나 피규어를 올려놓은 사람도 있었고, 사내 포상으로 받은 트로피나 상패를 장식해 둔 경우도 종종 있었지요. **자신에게 소중하거나 좋아하는 물건을 눈에 띄는 자리에 두면 스스로를 고무할 수 있고, 빨리 일을 끝내고 취미를 즐기자는 마음가짐이 자연스럽게 생깁니다.** 어쩌면 그런 물건이 인생에서 일보다 중요한 게 무엇인지 떠올리도록 만들 수도 있겠죠.

가족이나 취미 사진을 직장 사람들이 다 볼 수 있는 자리에 두는 건 조금 부담스럽다고 느낄 수도 있습니다. 하지만 좋아하는 것을 보면 힘이 나는 건 누구든 똑같고, 무엇보다도 **시간 효율을 높이려는 이유는 결국 개인적인 시간을 소중히 하고 싶기 때문이라는 사실을 상기시킨다는 점에서 매우 효과적입니다.**

참고로, 사진이나 소품을 두는 것이 꺼려진다면 컴퓨터 바탕화면을 좋아하는 이미지로 설정하는 것도 좋은 방법입니다. 이 경우는 액자나 소품처럼 다른 사람의 시선에 잘 띄지 않으므로 부담이 덜하겠지요.

좋아하는 물건을 두면 의욕이 생기고 대화의 소재도 된다.

48 책상 위에 간식을 두지 않는다

바쁠 때를 대비해 책상 주변에 과자나 음료를 비축해 두는 분들도 계실 겁니다. 식사를 하러 나가는 대신 책상에 앉은 채로 간단하게 허기를 달랠 수 있다는 점에서는 분명 편리하고, 시간을 절약하는 느낌입니다.

하지만 시간 효율의 관점에서는 오히려 역효과입니다. 왜냐하면 업무 진행과 식사, 두 가지 요소가 전부 애매해지기 때문이죠. 과자나 음료 같은 것으로 허기를 달래고 나면 휴식을 취하겠다는 마음이 사라져서 그대로 작업을 계속하게 됩니다.

하지만 적절한 휴식을 취하지 않으면 뇌는 본래의 능력을 제대로 발휘하지 못합니다. 피로가 누적된 머리로는 작업 속도가 더뎌지고, 일이 끝나지 않으면 쉴 시간도 없어집니다. 결국 책상 앞에서 계속 벗어나지 못하는 악순환에 빠지는 겁니다.

참고로, 제가 보좌했던 임원 중에는 책상에 간식을 비축해 두는 사람이 거의 없었습니다. 가끔 누군가가 선물로 가져온 과자를 먹는 정도였고, 스스로 챙겨 먹는 일은 없었습니다. 반면, 신입사원 중에는 서랍에 생수병을 여러 개 쌓아 둔 사람이 있었습니다. 업무 숙련도가 낮아서 시간 효율도 낮다 보니까 정수기로 물을 뜨러 갈 시간조차 없어서 생수병을 비축했을 겁니다.

그러나 계속 앉아 있는 것은 혈액 순환에 좋지 않으며, 과자나 시리얼 바로 식사를 때우는 습관은 결국 식습관 불균형으로 이어집니다. 과자나 음료 같은 걸 책상에 두면 저절로 손이 가기 쉬우므로 애초에 책상에 비치하지 않는 것이 좋습니다.

간식이나 음료는 휴식 시간에 가지러 가자.

49 비상 상황을 대비한 물건은 항시 구비한다

앞서 말한 바와 같이 음식이나 음료를 비축해 두는 것은 일의 집중도나 건강 측면에서 추천하지 않습니다. 그러나 그와 반대로 항상 구비해 두면 급할 때 유용한 물건도 있습니다.

대표적으로 얼룩 제거제, 티슈, 냄새 제거 스프레이, 양말, 여성이라면 생리용품 등입니다. 평소에는 필요성을 간과하다가 정작 필요한 순간에 없으면 무척 난감해지는 물건들이죠. 곧 미팅이 있는데 옷이 더러워졌다거나 스타킹이 찢어지면 예의를 갖추기 위해서라도 사러 나가야 합니다.

제가 보좌했던 임원들은 책상 서랍에 냄새 제거 스프레이와 넥타이를 반드시 넣어 두었습니다. 회식이나 점심 미팅처럼 다른 사람과 함께 식사하는 일이 많았기 때문에 옷에 밴 음식 냄새를 신경

쓴 것이겠지요.

또 평소에는 넥타이를 매지 않고 일했지만, 외부 인사와의 만남이 있거나 격식을 차려야 하는 회의를 대비해서 항상 넥타이를 준비해 두었습니다. 거래처에 조문하러 갈 일이 생기면 조의금 봉투는 회사 인사팀에서 준비해 주었지만, 검은 넥타이는 본인이 따로 챙겨야 했기 때문입니다.

양말은 사람마다 선호하는 브랜드나 제품이 다릅니다. 혹시라도 구멍이 뚫렸을 때 편의점에서 급하게 산 양말로 갈아 신으면 착용감이 안 좋거나 어색해서 일이 손에 안 잡힐 때가 있습니다. 즐겨 사용하는 제품을 비축해 두면, 돌발 상황이 생겨도 평소처럼 업무에 몰입할 수 있어 리듬이 깨지지 않습니다.

양말 외에도 립밤이나 핸드크림처럼 본인이 애용하는 물건은 여분으로 하나쯤 서랍에 넣어 두면 안심하고 일할 수 있겠죠.

미리 준비하면 곤란한 일이 생겨도 당황하지 않는다.

50 일어나지 않은 일에 시간을 쓰지 않는다

> '컨펌이 나지 않으면 어쩌지?'
>
> '기획이 반려되면 어떡하지?'

수많은 '만약'을 상상하며 불안을 키우는 사람이 있습니다. 하지만 제 경험상 걱정의 90%는 실제로 일어나지 않습니다. 그런데도 수많은 걱정에 일일이 대응책을 마련한다면 안 그래도 부족한 시간이 더 부족해질 것입니다. 무엇보다도 실제로 일어나지도 않은 일을 상상해서 굳이 기분을 망친다면 시간이 너무 아깝습니다.

글로벌 금융 기업에서 일하던 임원들은 하나같이 사고방식이 낙천적이었고, 하루하루를 즐겁게 보냈습니다. 절대 쉬운 일이 아니지만, 덕분에 인생을 즐길 수 있었을지도 모릅니다.

그들은 현실적으로 일어날 가능성이 높은 일만 대비했습니다. 그마저도 지나친 대응은 하지 않고, 대략적인 틀만 고려해서 준비하는 수준이었죠. 대신 **문제 발생 가능성을 주위에 미리 공유하면서 양해를 구하며 사전 조율에 주력**했습니다.

> "○○ 씨 어머님이 입원하셔서 연차를 내실 수 있어요."
>
> "△△ 씨는 곧 아이가 태어나서 출산 휴가에 들어간다고 해요."

팀원들의 상황을 공유하면서 추후 일어날 것이라 예상되는 상황을 공유하는 식이죠. 이처럼 평소에 활발하게 소통함으로써 갑작스러운 문제가 일어나는 상황을 미연에 방지했습니다.

'대비'에 들이는 시간은 실제로 사건이 일어나지 않으면 헛수고입니다. 발생 가능성과 리스크의 균형을 따지는 것은 중요하지만, 발생 가능성이 낮은 일을 지나치게 걱정하는 시간이나 대비하는 시간은 최소한으로 줄입시다. 현재에 집중하는 것이야말로 시간 효율을 높여서 즐거운 인생을 보내는 자세입니다.

걱정에 휘둘리지 말고 지금 할 일에 집중하자.

51 퇴근 시에는
책상 위를 정리한다

맨날 쓰는 펜이 없어졌다거나 필요한 서류를 바로 찾지 못한 경험은 누구나 한 번쯤 있을 겁니다. 이처럼 물건이 사라져서 짜증이 날 때가 있는데, 하필 급할 때 없어지면 당황해서 찾느라 아까운 시간을 버리기도 하죠.

사실 책상이 항상 정리되어 있다면 물건을 찾는 데 시간을 쓸 필요가 없습니다. 즉 물건을 찾는 행위는 전적으로 시간 효율을 저하시키는 셈입니다. 정리하지 않으면 순식간에 쌓이고 마는 대표적인 물건이 바로 '서류'입니다. 겹겹이 쌓인 서류 더미의 아래쪽에 묻혀서 필요한 물건을 찾지 못하거나, 찾다가 서류 더미가 무너지면 시간 효율이 떨어지는 데다가 불쾌하기까지 합니다.

금융 기업에서는 책상 위에 서류를 올려놓은 채 퇴근하는 것을 금기로 여깁니다. 다른 부서 사람이 지나가며 볼 수도 있고, 청소를 외부 업체에 맡기는 경우가 많으므로 기밀 유지를 위해서도 책상을 정리하고 퇴근하는 것이 기본입니다. 그래서 책상이 어질러져 있으면 정리가 안 된 사람, 야무지지 못한 사람이라고 인식합니다. 여러분도 퇴근 전에 책상 위를 정리하는 습관을 들여서 다음 날에는 상쾌한 기분으로 업무를 시작해 보시기 바랍니다.

아울러, 주로 쓰는 손이나 작업 내용을 고려해서 사무기기의 배치를 조정하면 시간 효율이 더욱 올라갑니다. 예를 들어, 전화를 받을 때 오른쪽 귀에 수화기를 대는 사람은 전화기나 스마트폰을 책상의 오른쪽에 두는 것이 효율적입니다.

그 밖에도 계산기, 문구류, 시계 등 자주 쓰는 물건들의 위치도 자신이 쓰기 편하도록 조정해 보세요. 별 차이 없다고 느낄 수도 있지만, 사용성을 고려해 배치한 책상에서 일하면 효율적이라고 느낄 것입니다. 정리에 익숙하지 않더라도 너무 어렵게 생각할 필요는 없습니다. 어디에 뭐가 있는지 명확하게 알 수 있는 상태로만 만들면 됩니다.

사무기기를 내가 사용하기 편하게 배치하자.

4장

스트레스를 받지 않는
작업 요령

52 내게 적합한 전자 기기를 구비한다

컴퓨터 작업의 효율은 사용하는 컴퓨터의 사양과 와이파이 속도에 크게 좌우됩니다. 시간 효율에도 필연적으로 영향을 미치기 때문에 컴퓨터 성능과 와이파이 속도에 신경을 써야 합니다.

코로나19 팬데믹 이후로도 재택근무자가 증가하는 요즘, 일하는 도중에 컴퓨터가 느리거나 무겁다는 느낌이 조금이라도 들면 기기 교체나 서비스 변경을 검토해 보시기 바랍니다. 외에도 컴퓨터 작업의 시간 효율을 높이거나 작업 환경을 쾌적하게 만드는 다양한 아이템이 있습니다. 그중 일부를 소개하겠습니다.

노이즈 제거 기능이 있는 기기

온라인 회의 중 주변이 시끄러우면 상대에게 잡음이 전달되거나 녹음될 수 있습니다. 노이즈 제거 앱이나 노이즈 캔슬링 기능이 있는 마이크를 사용하면 음성이 훨씬 또렷하게 전달됩니다.

작업에 최적화된 키보드

텍스트 입력 작업이 많은 분이라면 손이 덜 피로한 타입의 키보드나 무소음 키보드를 사용하면 더욱 쾌적하게 작업할 수 있습니다. 또한 **노트북을 사용하는데 숫자 입력이 잦다면 USB나 블루투스로 연결하는 외장 숫자 키패드를 활용**할 시 입력 속도가 비약적으로 향상됩니다.

마우스

편리한 마우스는 장시간 이어지는 작업에서 진가를 발휘합니다. 손에 잘 맞는 제품을 쓰면 어깨나 팔, 손가락의 피로가 줄어들고 시간 효율도 올라갑니다. 예를 들어, 스프레드 시트 작업에 유용한 가로 스크롤 기능이 있는 타입, 센서 감도가 높은 타입, 클릭 시 소음이 거의 없는 타입 등 다양한 기능과 종류가 있습니다. 여러분의 스타일에 맞는 제품을 찾아봅시다.

> **작업 툴의 사양과 시간 효율은 비례한다.**

53 디스플레이는 여러 개 사용한다

작은 책상과 큰 책상이 있다면, 어느 쪽이 더 작업하기 편리할까요? 당연히 큰 책상이겠지요. 똑같은 물건을 놓더라도 그걸 수용하는 책상이 넓으면 하나하나 가지런히 정리할 수 있고, 여유 공간도 넓어서 작업이 훨씬 수월해지니까요.

마찬가지로 모니터도 넓을수록 작업하기 편리하고 시간 효율이 올라갑니다. 제가 근무했던 기업에서는 금융 거래를 담당하는 트레이더들이 모니터를 다섯 개에서 여섯 개씩 사용하며 일했습니다. 트레이더는 수많은 데이터를 보며 초 단위로 여러 거래를 동시에 진행해야 하므로, 화면이 좁으면 업무를 원활하게 진행할 수 없습니다. 다른 직무도 최소 두 개, 보통은 세 개를 사용하여 일하는 경우가 많았죠.

디스플레이를 여러 개 사용하면 다양한 파일이나 소프트웨어, 앱, 브라우저 등을 동시에 띄워 둘 수 있습니다. 게다가 각 창을 겹치게 두지 않아도 공간이 여유롭기 때문에 모든 정보를 한눈에 보이도록 띄우고 작업할 수 있습니다.

파일을 드래그하면 다른 모니터로 옮길 수도 있으므로 물리적인 작업 공간이 대폭 넓어집니다. 필요한 창을 번갈아 가며 최소화하거나 최대화할 필요도 없으므로 손이 덜 가고, 그만큼 작업 속도도 올라갑니다. 쉽게 설명하자면 이메일, 문서 파일, 채팅으로 받은 메시지를 동시에 보면서 스프레드 시트에 정리하는 작업이 훨씬 수월해진다는 이야기입니다.

창을 마구 띄워놓기보다는 왼쪽 모니터로는 메신저나 메일을 확인하고, 오른쪽 화면에서는 실제 작업을 진행하는 식으로 업무 내용에 따라 디스플레이를 나눠 쓰는 게 좋습니다.

디스플레이는 컴퓨터 본체에 케이블만 연결하면 바로 사용할 수 있습니다. 고정된 좌석 없이 자유롭게 근무하는 사무실이라면, 자신이 사용할 자리에 노트북과 디스플레이를 함께 가져가면 됩니다.

디스플레이를 여러 개 쓰면 손이 덜 가고 작업 속도가 향상된다.

54 수신함은 항상 곁눈질로 확인한다

| '일을 잘하는 사람일수록 이메일 회신이 빠르다.'

일반적으로 이렇게 인식하지만, 하루 종일 이메일 대응만 할 수는 없겠죠. 제가 근무했던 기업에서도 유능한 임원일수록 이메일 회신이 빠른 경향이 있었습니다. 그렇다고 그들이 항상 수신함만 보고 있지는 않았습니다. 이메일 대응 외에도 할 일은 수없이 많고, 회의나 미팅 등으로 자리를 비울 때도 있기 때문입니다.

왜 유능한 사람은 회신이 빠를까요? 그 이유는 즉시 회신이 필요한 이메일과 그렇지 않은 이메일을 정확하게 구분해서 대응하기 때문입니다. 그런 방식으로 처리하려면 수신함의 기능을 설정하는 데에 약간의 요령이 필요합니다.

포인트는 두 가지입니다. 첫째, **수신한 이메일의 본문 일부를 미리 볼 수 있도록 설정합니다.** 즉 이메일이 도착했을 때 열지 않고도 앞의 몇 줄을 읽을 수 있도록 해 두는 겁니다. 이메일 사이트에 따라 다소 다르지만, 보기 옵션에서 설정할 수 있습니다.

또한 수신함은 이메일 제목이 일렬로 나열되는 방식 외에 목록 옆이나 아래에 본문 미리보기를 표시하는 방식으로도 설정할 수 있습니다. 후자의 방식으로 설정하면, 특정 이메일을 클릭해서 화면을 전환한 다음에 본문을 읽는 단계를 생략할 수 있습니다.

둘째, **이메일 창을 항상 화면 어딘가에 띄워 둡니다**(디스플레이가 여러 대라면 더욱 편리하겠죠). 제가 보좌했던 임원들도 모두 그런 식으로 이메일을 관리했고, 다른 작업을 하면서도 항상 곁눈질로 수신함을 확인했습니다. 그리고 미리보기로 내용을 파악하여 필요에 따라 바로 회신했습니다.

이런 방식이라면 이메일이 쌓이거나 중요한 이메일에 늦게 회신하는 일이 없습니다. 하루 종일 수신함을 붙들고 있지 않아도 회신이 빠른 유능한 직원이라는 평가를 받을 수 있습니다.

> **메일 수신함을 항상 화면 어딘가에 띄워 두자.**

55 불필요한 데이터는 과감하게 지운다

상자에 물건을 가득 채우면 안에 든 것을 꺼내기 어려워지고, 무게도 늘어나 다루기 힘든 것처럼 컴퓨터도 데이터를 지나치게 많이 보관하면 효율이 떨어집니다.

따라서 책상 위를 주기적으로 정리하듯이 데이터도 의식적으로 정리하는 습관을 들여야겠지요. 업무나 프로젝트가 끝난 시점이나 잠깐 짬이 났을 때 처리하면 좋습니다. 앞서 '자투리 시간에 처리할 업무 리스트를 만든다'(120페이지)에서 소개한 '5분이면 할 수 있는 업무 리스트'에 포함하는 것도 좋은 방법입니다.

끝난 프로젝트의 데이터는 기본적으로 꼭 필요한 것 이외에는 과감히 삭제하는 것이 바람직합니다. 판단 기준은 '회사 자산으로 남길 가치가 있는가?'입니다. 산출물이 있는 프로젝트라면 최종본만 남기고, 중간 산출물은 삭제해도 무방합니다. 남겨야 한다고 판단한 데이터는 회사의 공유 폴더로 옮기고, 자신의 컴퓨터에서는 삭제해 버리는 것이 좋습니다.

마찬가지로 이메일도 주기적으로 정리하고 삭제하는 습관이 필요합니다. 그대로 방치하면 수신함의 용량이 금세 가득 차 버리겠죠. 저는 프로젝트, 거래처, 내용 등의 기준으로 이메일을 폴더별로 분류하고, 프로젝트가 끝나면 폴더를 통째로 삭제합니다.

혹시 너무 빨리 삭제했더라도 지운 지 30일 이내라면 휴지통에서 복원할 수 있도록 설정된 사이트가 많습니다. 자신이 사용하는 이메일의 휴지통 보관 설정을 미리 확인해 두면 실수로 삭제하는 일이 벌어져도 안심할 수 있습니다.

데이터를 정리하면 클라우드 용량 초과를 방지하고, 컴퓨터가 느려지는 것도 예방할 수 있겠죠. 뿐만 아니라 머릿속과 마음도 정리되어 향후 진행할 업무로 의식을 전환하는 효과도 있습니다.

프로젝트가 끝날 때마다 불필요한 데이터와 이메일은 삭제하자.

56 파일명에 키워드를 두 개씩 넣는다

무언가를 찾는 데 쓰는 시간은 순전히 낭비입니다. 그러므로 나중에 찾을 가능성이 있다면 사전에 그 위험을 제거하는 편이 좋습니다. 이는 불필요하게 낭비하는 시간을 줄이는 방법입니다.

기본적으로 어디에 무엇이 있는지 쉽게 알 수 있도록 만들어야 하지만, 데이터와 관련해서는 또 하나 주의할 점이 있습니다. 바로 '파일명 짓기'입니다. 폴더 안에 찾는 파일이 보이지 않거나 몇 주 전에 다운로드한 파일을 어디에 뒀는지 잊은 상황이라면, 대부분의 사람은 검색 기능을 활용합니다. 아마 '이름이 뭐였더라?'라고 생각하며 짐작 가는 키워드를 입력하겠죠.

다시 말해, 데이터를 저장할 때는 추후 검색하는 상황을 염두에 두고 이름을 붙여야 합니다. 구체적인 방법은 다음과 같습니다.

나쁜 예

202501 매출 집계

202501 A사 프레젠테이션 자료

좋은 예

202501월 매출 집계_××점_최종판

202501 A사 프레젠테이션 자료_시스템 구축 제안

포인트는 핵심 키워드를 두 개 이상 넣는 것입니다. 키워드가 하나라면 비슷한 이름의 파일이 많아 곤란하지만, 두 개를 함께 입력하면 원하는 파일을 바로 찾을 확률이 상대적으로 높아집니다.

이메일의 제목이나 본문도 마찬가지입니다. **어떤 단어가 들어가면 나중에 검색할 때 좋을지를 염두에 두고, 해당 키워드를 포함해서 작성합시다.** 받은 이메일에 회신할 때도 이런 점을 의식하면 검색 효율이 훨씬 높아집니다.

> **검색을 전제로 두고 키워드를 두 개 이상 넣어 이름을 짓자.**

57 자주 쓰는 앱은 원클릭으로 실행되도록 설정한다

자주 사용하는 앱이나 소프트웨어가 원클릭으로 실행되면 스트레스 없이 쾌적하게 작업할 수 있습니다. 문서 작성 프로그램이나 온라인 회의 툴을 비롯해 직종이나 업무 내용에 따라 자주 사용하는 프로그램이 있을 겁니다. 필요할 때마다 메뉴에서 찾거나 검색창에 입력해서 실행하는 것은 번거롭겠죠. 불필요한 수고 없이 빠르게 실행하는 방법이 있으니 한번 설정해 보세요.

운영 체제에 따라 방식은 조금 다르지만, 윈도우는 실행 중인 앱이나 소프트웨어가 표시되는 바 모양의 '작업 표시줄'이 보통 바탕화면 하단에 위치합니다. 여기에 앱을 고정하면 자주 쓰는 앱을 원클릭으로 실행할 수 있습니다.

맥에서는 이와 비슷한 기능을 '독Dock'이라고 합니다. 자주 쓰는 항목을 한곳에 모아 둘 수 있고, 독 자체의 위치도 바탕화면 오른쪽, 왼쪽, 아래쪽 중 원하는 위치에 둘 수 있습니다.

위의 두 가지 방법 외에도 자주 사용하는 프로그램을 바로가기 아이콘으로 만들어 바탕화면에 두거나, 웹사이트의 바로가기를 생성해 두는 방법도 있습니다. 원하는 항목에 바로 접근할 수 있으니 매우 편리합니다.

하지만 너무 많이 만들면 바탕화면이 아이콘으로 뒤덮여 정작 필요한 것이 어디 있는지 모를 수 있으니, 프로젝트가 끝날 때마다 삭제하는 등 정기적으로 정리하는 습관을 들이는 것이 좋습니다. 불과 몇 초를 줄이는 효과라 해도, 그 몇 초가 계속 쌓이면 상당히 많은 시간을 아낄 수 있습니다.

필요한 항목을 바로 실행할 수 있도록 만들면 작업 속도가 눈에 띄게 향상된다.

58 웹사이트를 저장할 때는 이름을 바꾼다

인터넷으로 정보를 찾다가 유용하다고 생각하면 북마크 설정을 해 두는 사람이 많습니다. 해당 웹사이트를 다시 방문할 때마다 검색할 필요가 없고, 사이트 이름을 잊어버려서 접속하지 못하는 일을 방지할 수 있어 매우 편리하기 때문입니다.

하지만 북마크가 너무 많아지면 원하는 사이트를 찾는 데도 시간이 듭니다. 비슷한 색상이나 디자인의 아이콘이 많아 잘못 클릭했다가 원하는 사이트가 아니어서 짜증 날 때도 있지요.

이는 간단한 방법으로 해결할 수 있습니다. 바로 북마크 목록에 표시되는 웹사이트 이름을 바꾸는 것입니다. 이름을 바꿀 때는 사이트 고유의 명칭에 얽매이지 말고, '용도'를 기준으로 이름을 붙이면 훨씬 쓰기 편합니다.

예를 들어, 클라우드 기반의 디자인 툴이나 영상 편집 사이트처럼 영상을 제작할 때마다 쓰는 사이트라면 '영상 편집'으로, 계약서를 작성할 때 유용한 사이트라면 '계약서'로 표기하는 식입니다.

또한 북마크 사이트의 정렬 순서도 바꿀 수 있습니다. 자주 접속하는 사이트는 위쪽에 두면 편리합니다. **폴더로 나눠서 용도별로 정리하면 원하는 항목에 빠르게 접근할 수 있습니다.**

마찬가지로 폴더 이름도 알아보기 쉽게 정리하는 것이 좋겠죠. 예컨대 자주 외주를 맡기는 프리랜서나 기업 홈페이지는 '외주처'로, 사무용품이나 업무에 필요한 비품을 구매하는 사이트는 '비품 발주'로 정리하면 됩니다.

북마크를 관리해서 검색 효율을 높이자.

59 비밀번호는 자동 입력 기능으로 저장한다

정보화 사회에 살면 아이디와 비밀번호를 입력해서 로그인할 일이 잦습니다. 보안상 필요하다는 것은 알지만 번거롭다고 느끼는 사람이 대부분입니다. 비밀번호가 기억나지 않아 몇 번이나 시도하다가 계정이 잠긴 경험은 다들 한 번쯤 있을 겁니다.

계정이 잠기는 일이 발생하면 번거롭게도 본인 인증을 거친 뒤에 비밀번호를 재설정해서 로그인하는 수밖에 없습니다. 바쁜 와중에 이토록 시간을 많이 잡아먹는 작업을 해야 한다면 짜증 나겠죠. 그래서 최근에는 비밀번호를 저장하여 자동으로 입력하는 기능을 갖춘 브라우저가 많아졌습니다.

보통 비밀번호를 입력할 때 '비밀번호를 저장하시겠습니까?'라는 팝업이 뜨므로 표시되는 안내에 따라 저장하면 됩니다. 만약 이런 팝업이 뜨지 않는다면 암호 저장 기능이 꺼졌을지도 모르니 브라우저 설정을 확인해 보세요.

저는 '크롬^{Chrome}'을 사용하고 있으니 예시를 해당 브라우저로 들겠습니다. 크롬에서는 오른쪽 상단의 점 세 개로 이루어진 아이콘을 클릭했을 때 보이는 '비밀번호 및 자동 완성'이라는 항목에서 설정할 수 있습니다. 윈도우 기본 브라우저인 '마이크로소프트 엣지^{Microsoft Edge}'도 크롬과 마찬가지로, 오른쪽 상단의 점 세 개짜리 아이콘을 클릭해 '설정 → 프로필 → 암호 및 자동 채우기'에서 설정할 수 있습니다.

사용 중인 브라우저에 비밀번호 저장 기능이 없다면, 비밀번호 관리 앱을 활용하는 것도 좋은 방법입니다. 비밀번호를 안전하게 저장해 줄 뿐만 아니라, 비밀번호를 자동으로 생성하거나 입력하는 기능도 있습니다. 사용하는 기기나 운영 체제에 맞는 앱을 찾아보시기 바랍니다.

자동 완성 기능을 활용해 비밀번호를 다시 받을 일을 없앤다.

60 새로운 툴이 항상 유용한 건 아니다

　요즘은 AI를 필두로 새로운 기술이나 툴이 잇달아 출시되고 있습니다. 새로운 것들을 무조건 거부하고 오래된 방식만 고집하는 태도는 그리 바람직하지 않습니다. 시대의 흐름에 맞춘 편리한 방법을 적절히 도입하는 편이 시류에 도태되지도 않고, 시간을 효율적으로 쓰는 데 유리하기 때문이죠.

　그렇다고는 해도 새로운 툴을 사용하는 데에는 신중할 필요가 있습니다. 왜냐하면 새로운 툴을 도입하고 익숙해지려면 시간이 걸리기 때문입니다. 일상적인 업무에 사용하는 툴은 기본적으로 사용 편의성을 우선시해야 합니다.

　그렇다면 언제 새로운 툴의 도입을 고려하면 좋을까요? 그건 바로 기존의 방식은 다소 불편하다고 느껴서 더 나은 방법을 모색

할 때입니다. 이때 시간이 남으면 어떤 툴을 사용하는 게 좋을지 인터넷에서 찾아보는 편이 좋습니다.

가령 음성 입력 툴의 사용 목적이나 불편 사항을 키워드로 넣어 검색하는 것이죠. 그러다 괜찮아 보이는 툴을 찾은 다음에 해당 툴의 사용법을 검색하는 식으로 나아가면 됩니다. 그러면서 요점이나 사용 요령 등 관련 정보를 충분히 습득하고, 스스로도 괜찮겠다는 느낌이 들면 적극적으로 써 보시기 바랍니다.

반대로 툴에 대한 정보나 리뷰가 거의 없거나 국내 버전이 없는 경우에는 도입을 보류하는 편이 낫습니다. 사용하기 불편하거나 너무 전문적일 가능성이 높기 때문입니다. 혹은 사용자 수가 적어 아직 노하우가 축적되지 않았을 가능성도 있습니다. 처음부터 탐색하며 쓰는 데에는 많은 시간이 듭니다. 다른 사람들이 먼저 사용하면서 노하우를 공유할 때까지 기다렸다가 도입하는 편이 훨씬 효율적입니다.

새로운 툴은 노하우가 정립된 것에 한하여 도입을 고려하자.

61 음성 입력 기능을 활용한다

　여러분 중에 음성 입력 기능을 활용하는 분이 계실까요? 오타가 많아서 손으로 입력하는 게 더 빠르다고 생각하실지도 모르겠습니다. 하지만 현재의 기술은 과거보다 훨씬 발전했고, 매우 높은 정확도로 음성을 인식하고 텍스트로 변환합니다. 그리고 애초에 컴퓨터나 스마트폰에서 손가락으로 문자를 입력하는 속도와 말하는 속도를 비교하면, 후자가 압도적으로 빠릅니다.

　참고로 글자를 입력할 때와 말할 때 사용하는 신경이 달라서인지, 아웃풋의 느낌도 약간 다르게 느껴집니다. 그래서 딱딱한 장문을 작성할 때는 음성 입력이 다소 불편하다고 느끼는 분도 계시죠. 그러나 간단한 채팅에 답하거나, 떠오른 아이디어를 메모하는 정도라면 음성 입력 기능을 쓰는 데 아무런 문제가 없습니다.

오히려 걷는 중에도 입력할 수 있다는 특징이 음성 입력 기능의 가장 큰 이점입니다. 길을 걸으면서 노트북을 펼칠 수는 없고, 스마트폰으로 메모하려고 해도 걸어가면서 입력하는 작업은 생각보다 번거롭습니다. 이럴 때 스마트폰에 입을 가까이 대고 말하기만 하면 텍스트가 입력되는 기능은 매우 편리하겠죠.

또한 곧바로 텍스트로 변환하는 일반적인 음성 입력 외에도 음성 메모나 녹음 앱을 활용하는 방법이 있습니다. 저는 음성 데이터를 텍스트로 변환해 주는 앱을 이용해 녹음본을 텍스트로 옮기곤 합니다. 긴 문장을 작성해야 하지만 지금 당장 노트북을 펼 수 없는 상황에서 음성 메모로 자신의 목소리를 녹음해 뒀다가 나중에 텍스트로 전환하는 방식입니다.

텍스트 변환 앱은 출시 이후로도 발전을 거듭하여, 지금은 거의 정확하게 변환하는 수준에 이르렀습니다. 사용자가 자주 쓰는 특정 용어나 전문 용어를 사전에 등록해 두면 더욱 정확하게 인식하기도 해서 유용하게 활용하고 있습니다.

음성 입력 기능과 텍스트 변환 앱을 믿고 사용한다.

62 문서는 편집할 수 있는 상태로 공유한다

기획서나 제안서, 자료를 제출할 때는 다시 손봐야 하는 번거로움을 줄이기 위해 문서를 받은 사람에게도 편집 기능을 허용하는 방식을 사용하는 것이 좋습니다.

'워드Word' 프로그램으로 서류를 작성할 때, 절반 정도 완성한 시점에서 상사나 팀원에게 공유한다고 가정합시다. 이때 '문서 공유'라는 방식으로 클라우드에 올리면 편리합니다. 클라우드로 공유하면 열람자의 접근 권한을 자유롭게 설정할 수 있기 때문입니다. 상대의 권한을 '열람 전용'으로 하거나, 열람과 함께 댓글을 달수 있도록 하거나, 편집까지 가능하도록 설정할 수 있습니다.

문서를 전달하기만 하면 되는 상대는 '열람 전용'으로 설정하면 내용을 고칠 수 없습니다. 게다가 공유한 뒤에 수정이 필요한 상황이 생기더라도, 수정한 문서를 번거롭게 새로 보낼 필요가 없습니다. 그냥 필요한 부분만 수정한 뒤에 상대에게 일부 수정이 있으니 다시 열람 바란다는 메시지만 전달하면 끝이죠.

이메일이나 채팅으로 공유하면 수정을 반영한 파일을 일일이 주고받아야 합니다. 이 과정은 의외로 시간이 많이 들 뿐만 아니라, 반영 누락이나 실수가 발생하기 쉬워 양쪽 모두에게 스트레스를 줍니다. 게다가 최신판을 수정해야 하는데 이전 버전에 수정 내용을 반영하는 불상사가 생길 위험도 있습니다. 공동 편집을 이용하면 그런 수고를 전부 덜어낼 수 있겠죠.

어쩌다 보니 '최종본', '최종본 2' 같은 이름의 문서를 계속 수정하다가, 끝에 가서는 '진짜 최종본', '(날짜) 최종본' 같은 식으로 파일 이름을 바꾸는 사람도 있습니다. 하지만 유사한 파일명 때문에 혼란을 겪거나 수정이 반영되지 않은 버전을 인쇄·배포할 위험이 남습니다. 클라우드를 활용하면 그런 실수에서 벗어날 수 있습니다.

착오를 방지하기 위해 공동 편집 기능을 이용하는 것이 좋다.

63 AI를 어시스턴트로 쓴다

요즘은 기업들이 AI 투자를 확대하는 게 너무나 당연한 흐름으로 느껴집니다. AI의 발전은 눈부시고, 활용 방식은 날로 다양해지고 있으니까요. 이렇게 편리한 시대를 살아가는 만큼 기술 발전에서 비롯된 혜택을 적극적으로 누려야 합니다.

자료 조사, PPT 제작, 보고서 초안 작성 같은 작업을 AI로 처리할 수 있다는 사실은 이미 많은 사람이 알고 계실 겁니다. 최근에는 회의 녹음본을 AI에 업로드하면, 그 내용을 바탕으로 회의록까지 작성해 주는 기능도 있습니다.

또한 이미지나 영상도 풍경, 배경, 등장하는 인물이나 동물, 질감 등을 지정하기만 하면 충실히 재현할 뿐만 아니라, 상상 속의 장면도 원하는 대로 만들어 줍니다. 이를 활용하면 원하는 이미지나 영상을 찾기 위해 일일이 검색하고 작업할 필요가 없습니다. 저에게도 AI는 이미 없어서는 안 될 든든한 업무 파트너이며, 자료 조사를 할 때 자주 활용하는 도구입니다.

최근의 AI에는 '딥 리서치Deep Research'라 불리는 기능이 탑재되었는데, 주제를 지정하면 AI가 검색을 수십 번씩 반복하여 자료를 수집하고, 그 결과를 분석·정리하여 높은 수준의 보고서를 만들어 냅니다. 사람이 직접 조사하는 속도와 비교하면 압도적으로 빠르다는 이점이 있죠. 게다가 문헌에 한해서 조사하거나 해외 정보만 수집하는 등 조사 범위를 지정할 수도 있습니다.

또한 AI에 문서 작성이나 자료 제작을 지시할 때 워드, 엑셀, 파워포인트, PDF 등 포맷을 지정할 수 있는 데다가 특정 관공서 양식에도 맞출 수 있습니다. 공공기관 제출 자료는 독자적인 형식을 따르는 경우가 많아서 해당 양식을 정확히 맞추는 것만으로도 큰 수고가 듭니다. 이를 AI가 대신해 준다면 시간을 절약할 수 있겠죠.

AI의 세계는 매일 진화하고 있습니다. 새로운 게임을 하듯이 AI를 자유자재로 활용하면서 시간 효율을 높입시다.

번거로운 작업은 AI에게 맡기자.

5장

일이 쉬워지는
커뮤니케이션 노하우

64 회의 시간은 짧게 잡는다

'시간을 많이 빼앗기는 일'이라고 했을 때, 여러분은 무엇을 떠올리시나요? 대부분 '회의'를 꼽지 않을까 싶습니다. 글로벌 기업의 문화에 익숙한 사람들에게 "일본의 회의는 무엇을 위해 진행하는지 모르겠다."라는 이야기를 자주 들었습니다. 회의가 유익했다는 감상을 이야기하는 사람은 거의 없었지요.

회의는 짧게 하면 안 된다고 생각하실 수도 있지만, 시간을 효율적으로 쓰고 싶다면 무의미한 회의는 과감히 없애야 합니다. 군이 시간을 조정해 여러 사람을 붙잡고 무익한 시간을 보내는 게 오히려 시간 낭비의 극치가 아닐까요?

실제로 제가 비서로 일했던 시절, 임원의 스케줄이 너무 빡빡한 상황에서는 이후에 잡힌 회의를 반드시 진행해야 하는지 여쭤본

다음에 그렇지 않다고 판단한 회의는 아예 없앴습니다. 시간을 줄이거나, 매주 열던 정례 회의를 격주로 바꾸기도 했고요.

회의가 늘어지고 의미 없는 자리가 되기 쉬운 건 애초에 회의 시간이 너무 길기 때문일지도 모릅니다. 글로벌 기업에서는 보통 회의 시간을 30분 단위로 설정합니다. 왜냐하면 회의는 기본적으로 '의사 결정을 위한 자리'이지, 쓸데없이 시간을 끄는 자리가 아니기 때문입니다.

30분 안에 결론까지 도달해야 하므로 참석자들은 사전에 철저히 준비해서 회의에 집중합니다. 미리 정한 주제에 대해 의견을 나누고 전원이 납득한 상태에서 실행에 옮기는 것, 그것이 회의입니다. 물론 반대 의견이 나올 수 있습니다. 그럴 경우는 반대 의견을 낸 사람과 결정 권한이 있는 사람이 따로 논의하고, 그 결과를 모두에게 공유하면 많은 사람이 시간을 쓸 필요가 없겠죠.

아예 회의를 없애는 과감한 결정은 어려울지도 모릅니다. 하지만 회의 시간을 줄이거나 횟수를 조정하는 선택지는 충분히 검토할 수 있습니다. 빠르게 끝내겠다는 의식을 불러일으키는 것만으로도 훨씬 알찬 회의가 될 수 있습니다.

> 회의는 줄이거나 30분 이내에 끝내서 무의미한 소모를 방지하자.

65 필수적이지 않은 회의는 채팅으로 대체한다

회의를 줄이거나 시간을 단축하면 논의할 내용을 전부 담기 어렵다고 생각할 수도 있습니다. 그렇다면 평소에 채팅을 자주 활용하는 쪽으로 커뮤니케이션의 빈도를 높이는 것이 좋습니다.

회의란 결국 어떤 사안을 결정하기 위한 공식적인 커뮤니케이션 자리죠. 하지만 모든 논의를 그 자리에서 끝내는 건 아무래도 무리입니다. 회의 도중 주제에서 벗어난 얘기를 하는 상대를 보고 당황했던 적은 없으신가요? 발언권이 없는 참석자들은 그저 가만히 기다리는 수밖에 없고, 결국 시간 낭비로 이어집니다.

이런 분위기의 회의는 흔히 회의를 위한 회의 혹은 자료를 만들기 위한 회의에 불과하며, 원래는 사전에 정리해 둬야 할 이야기들입니다. 이런 논의는 개인적으로 이야기하는 수준이면 충분합니다. 모든 내용을 회의에 몰아넣으면 논의가 산만해지고, 회의는 끝날 줄 모르며, 정작 중요한 결정은 내리지 못합니다.

물론 회의 이외의 수단으로 커버하려면 채팅이 길어지고 빈도도 잦아져서 거기에 익숙하지 않은 사람에게는 부담스럽습니다. 하지만 채팅은 각자 편한 시간에 대응할 수 있으므로 전원이 시간을 맞춰 참석하는 회의보다는 훨씬 효율적입니다.

만약 평소의 대화나 채팅만으로 충분하지 않은 복잡한 결정을 내려야 하거나 많은 인원이 참여해야 하는 상황이라면 '결정을 위한 본회의'와 그에 앞서 준비하는 '사전 준비를 위한 회의'의 2단계 구조로 진행하는 것이 효과적입니다.

이는 회의의 성격을 구분해서 역할을 명확히 하고, 해당 역할에만 집중하는 방식입니다. 후자는 외부 인사와의 본회의에 앞선 내부 회의일 수도 있고, 본회의에서 승인을 얻기 위한 작전 회의, 이른바 '사전 조율 회의'일 수도 있습니다.

무엇보다 중요한 점은 하나의 회의에 모든 커뮤니케이션과 역할을 몰아넣지 않는 것입니다. 커뮤니케이션을 분산하고 회의 참가자를 엄선하여 회의 자체를 의미 있는 소통의 장으로 만들기 위해 노력합시다.

> 회의의 역할을 명확히 해서 목적에 집중할 수 있도록 설계하자.

66 아젠다는 회의 이틀 전에 수집한다

회의에서 논의할 항목이나 일정을 정리한 자료인 '아젠다'를 잘 활용하면 짧은 시간 안에 의사 결정까지 끝낼 수 있습니다. '아젠다 Agenda'란 본래 '일정표', '일정'이라는 뜻이지만, 일반적으로 '의제議題'를 뜻합니다. 다시 말해 회의의 목적을 정리한 것입니다. (그런 회사가 없기를 바라지만) 아젠다 없이 회의를 진행하는 것은 목적 없이 잡담만 나누는 것과 다름없습니다.

여기서는 제가 일했던 글로벌 금융 기업에서 아젠다를 활용한 방식을 순서대로 소개하겠습니다.

1. 아젠다에 올릴 내용을 정한다

회의 참석자 전원에게 결정이 필요한 안건이 있으면 답신을 달라는 이메일을 보내 회의 이틀 전까지 아젠다에 포함할 내용을 수집합니다.

2. 확정한 아젠다를 공유한다

모인 안건을 정리해 항목별로 나열한 뒤, 참석자 전원에게 회의 전날까지 이메일로 공유합니다. 보통 5~6줄 정도로 정리하는 경우가 많습니다. 참고 자료가 있다면 이때 함께 첨부하세요. 참석자가 항목 추가를 요청하면 내용을 업데이트합니다.

3. 회의에서는 논의와 의사 결정에 집중한다

회의 전에 자료를 공유했다는 전제이므로 당일에는 따로 자료를 읽는 시간을 두지 않습니다. 현장에서는 오직 아젠다에 따라 의사 결정에 집중합니다. 참고로 아젠다는 간단명료하게 정리해야 회의가 효율적으로 돌아갑니다.

회의 당일에는 아젠다 논의에만 집중하자.

67 회의실 예약 시에는 시간과 공간을 고려한다

일을 계획대로 진행하는 건 결코 쉬운 일이 아닙니다. 부랴부랴 전력을 다했지만, 마지막 한 걸음이 모자라 결국 시간에 맞춰 끝내지 못한 경험은 누구에게나 있을 겁니다.

회의나 미팅도 마찬가지입니다. 종료할 시간이 가까워지면 분위기가 급박해지기 쉽고, 대화에 몰두하다 보면 어느새 회의실 사용 시간이 거의 끝나 있는 상황도 잦습니다. 시간 효율이 높은 글로벌 금융 기업의 임원들도 예외는 아니었습니다.

뒤늦게 후회하는 상황은 되도록 피하고 싶으시겠죠. '회의는 15~30분 여유 있게 잡는다'(53페이지)에서도 소개했듯이 회의실도 여유롭게 예약해야 합니다. 저는 비서로 일했을 때 예상 소요 시간보다 30분 길게 회의실을 예약해 두었습니다.

30분짜리 회의라면 1시간, 1시간짜리 회의라면 1시간 30분으로 예약하는 식이죠. 그렇게 30분 정도 여유 시간을 잡으면 다음 예약자가 기다리는 바람에 서둘러야 하는 곤란한 상황을 피할 수 있습니다. 어쩌다 회의가 길어져도 문제없겠죠.

물론 정해진 시간 안에 회의를 끝내는 것이 우선입니다. 임원들은 매우 바쁜 일정을 소화하기 때문에 애초에 회의 시간 연장을 전제로 두지 않습니다. 여유 시간을 잡는 건 어디까지나 보험일 뿐이지만, 실제로 그 덕분에 위기를 넘긴 적도 많았습니다.

또한 회의실 크기도 고려하면 좋습니다. 저는 항상 예정된 참석자보다 1~2명 정도 더 들어갈 수 있는 넉넉한 공간을 예약했습니다. 왜냐하면 당일에 "○○ 씨도 참여하는 게 좋겠어요."라는 이야기가 갑자기 나오거나, 외부 참석자가 예고 없이 동행인을 데리고 오는 일도 있었기 때문이죠. 넓은 공간을 확보하면 갑작스럽게 인원이 늘어나도 자리가 넉넉합니다.

이는 몸도 마음도 여유를 갖춤으로써 회의에 집중할 수 있도록 만들기 위함이기도 합니다. 참석 인원에 딱 맞춘 공간은 다소 답답하게 느껴져서 논의에 집중하기 힘들 수 있겠죠.

회의실을 예약할 때는 여유 시간과 공간을 두자.

68 서로의 장단점을 파악하여 일을 배분한다

| "저는 아무것도 못 해요."

위는 글로벌 금융 기업의 임원들이 곧잘 꺼내는 말입니다. 겸손의 표현이었을지도 모르지만, 임원이라는 위치까지 올라간 사람들이니 아무것도 못 할 리가 없죠. 그런데도 그들은 자주 이런 말을 하며 주변 사람들에게 일을 맡기곤 했습니다. 거기에는 '모든 일을 자신이 처리하지 않는 태도'가 있었던 것 같습니다.

그들은 하나같이 사람을 끌어들이는 재주가 있었습니다. '적재적소'라는 말처럼 직원 개인의 강점이나 적성을 파악해서 적절한 업무를 맡겼으며, 자신은 임원의 책임에 맞는 일에 집중했습니다. 앞서 얘기한 업무 배분을 포함한 매니지먼트, 고위층이나 외부 중요 인사들과의 교섭 등 오직 임원만이 할 수 있는 일이었습니다.

임원들은 일을 과감히 내려놓거나 다른 사람에게 맡기면서도, 그 일의 목적과 목표를 전달하는 것을 대단히 중요하게 여겼습니다. 프로젝트는 누구를 만족시키기 위한 것인지, 그 상대는 어디 소속이며 규모는 몇 명인지. 일의 목적과 목표를 명확히 공유하고, 주위 사람들에게 주저 없이 일을 맡겼습니다.

못하는 일을 억지로 떠맡으면 정신적으로 괴로운 데다가 시간도 오래 걸리기 마련이죠. 실수도 잦고 완성도도 떨어집니다. 반대로 잘하는 일은 순식간에 끝낼 수 있고 완성도까지 높습니다.

그렇다면 자신이 못하는 일은 미련 없이 내려놓고 잘하는 사람에게 맡기는 것이 시간 효율을 높이는 가장 좋은 방법입니다. 성실한 사람일수록 못하는 일이어도 최선은 다해야 한다고 생각하기 쉽습니다. 하지만 잘하는 사람에게 맡기는 편이 훨씬 빠르고 품질도 보장됩니다. 서툰 일에서는 과감히 손을 떼고, 자신이 잘하는 분야에서 힘을 발휘합시다.

자신이 서툰 일은 다른 사람에게 맡기자.

69 다음 사람에게 전달하는 업무는 신속하게

시간 효율을 높이려면 자신이 못하는 일은 다른 사람에게 맡기거나 의지해야 합니다. 대신에 자신이 맡은 일은 제대로 책임지고 진행해야겠죠. 다른 사람과 함께 일할 때는 상대를 기다리지 않게 하는 것이 무엇보다도 중요합니다. 여러분이 처리해야만 다음 단계로 넘어갈 수 있는 일이 밀리면, 전체적인 진행이 정체될 수밖에 없겠지요.

게다가 오래 기다리게 하거나 품질이 낮은 결과물을 넘기면 다른 사람의 작업도 그 결과물에 맞춰지고 맙니다. 그로 인해 수정 작업이나 부가적인 커뮤니케이션을 해야 한다면, 결국 자신의 시간을 더 할애해야 하므로 스트레스까지 쌓입니다.

업무를 공에 비유해서 예시를 들겠습니다. 공이 내게로 넘어왔을 때, 공을 가급적 짧은 시간 동안 가지고 있는 것이 요령입니다. 곧바로 다음 사람에게 공을 넘기겠다고 의식하면서 일을 처리하면 프로젝트가 훨씬 빠르게 진행됩니다.

그러기 위해 **혼자 처리할 수 있는 일은 미리 조금씩 손을 대는 게 좋습니다.** 자신의 차례가 오기 전까지 30% 정도 작업하는 것이 이상적입니다. 앞서 설명한 '완성도가 30%일 때 피드백을 받는다'(130페이지)와 같은 맥락입니다. 미리 완성했는데 전면 수정을 해야 하면 시간도 낭비하고 마음도 큰 타격을 받으니까요.

30%라는 기준은 일종의 초안을 잡는 정도라고 생각하면 됩니다. 서두 부분을 손보고, 전개까지 조금 더 구체적으로 작업한다는 이미지라고 생각하세요. 그리고 당신 차례가 되면 남은 작업을 마무리해서 지연되는 일 없이 다음 사람에게 넘깁시다.

참고로 제가 보좌했던 임원들도 업무를 받자마자 흘려보내는 데 능한 사람들이었습니다. 공을 받고 나서 순식간에 다음 사람에게 넘기는 속도감은 거의 신의 경지였죠. 임원들은 다른 사람을 기다리게 하는 일 자체를 거의 하지 않았습니다.

내 차례가 오기 전일지라도 30% 정도는 진행해 두자.

70 부탁할 때는 이점을 함께 제시한다

글로벌 기업에는 개인의 자유를 존중하는 문화에 익숙한 이들이 많습니다. 그런 사람들은 부탁을 거절하는 데 주저하지 않습니다. 게다가 일보다 사생활을 중시하므로 자신의 책임이 아닌 업무를 맡으려는 사람이 많지 않습니다.

이런 사람들에게 일을 맡기거나 부탁하려면 요령이 필요합니다. 핵심은 그 사람에게 어떤 이점이 있는지 명확히 제시하는 것입니다. 자주 사용하는 설득 방식은 다음과 같습니다.

- 프로젝트 규모가 크다.
- 거액의 예산을 배정받는 중요한 프로젝트다.
- 새로운 도전을 할 수 있다.

이 모든 항목은 커리어에 긍정적인 영향을 준다는 점에서 설득력이 있습니다. 그 밖에도 금전적인 이점이나 관심사를 자극하는 방식도 효과가 좋습니다.

- 보수가 좋다.
- 한번 해 보고 싶다고 말했던 분야나 내용이다.
- 해외 출장을 갈 수 있다.

어느 사유든 상대가 업무량 증가를 감당할 법한 이점을 제시할 수 있다면, 부탁한 일을 맡아 줄 가능성은 훨씬 커집니다. 이점을 분명히 제시하며 설득하는 부탁의 달인이 된다면 시간 효율은 더욱 향상될 것입니다.

덧붙이자면, 누구에게 업무를 부탁할 때는 특정인에게 부담이 쏠리지 않도록 하는 것도 중요합니다. 업무를 분산해 한 사람이 짊어지는 부담을 줄일 수 있도록 신경 씁시다.

상대가 일을 맡을지 말지는 부탁 방식에 달렸다.

71 외부 미팅은 사전 조율을 거친다

외주업체 혹은 평소에 접점이 거의 없는 사내 부서나 팀처럼 이른바 내부 인원이 아닌 사람들과 협의할 때는 주의할 점이 있습니다. 그것은 바로 '결정 사항'을 가지고 가는 것입니다.

어느 프로젝트의 일부분을 외주업체에 발주하기로 했다고 가정합시다. 처음으로 대면하는 미팅 자리에서 단가와 납품 기일을 들은 다음에 내부 인원끼리 말을 주고받으면 어떻게 될까요?

"시간을 맞출 수 있을까요?"

"그 금액이면 예산 초과라 곤란한데, 어느 정도까지 괜찮다고 했더라?"

외주업체로서는 그런 건 미리 정하고 나와야 하지 않냐고 말하고 싶어지겠죠. 게다가 이러면 구체적인 작업 내용을 말하기 이전에 발주 여부 자체도 처음부터 다시 논의해야 하니 양쪽 모두에게 불필요한 시간 낭비가 되고 맙니다.

외부 사람들과 협의할 때는 기본적으로 내부에서 방향성을 정한 다음에 결정 사항을 가지고 가야 합니다. 그러기 위해서는 내부에서 예산, 일정, 요청하고 싶은 내용 등의 허용 범위를 구체적으로 정해야 하겠죠.

> "12월 20일까지 작업할 수 있냐고 물으면 수정 작업에 드는 시간까지 포함해서 시간이 넉넉하겠죠?"
>
> "예산은 1천만 원이 나왔으니까 이 정도 선에 맞추는 게 좋겠네요. 정 안 된다면 돌아와서 얘기해 보죠."

나아가 **외주를 의뢰하기로 결정한 시점에서 의뢰 방향, 허용 범위에 대해 대략적으로 공유하는 편이 바람직합니다.** 조건이 맞지 않을 때를 대비해 다른 외주처를 찾아 두는 것도 좋겠죠.

외주처의 상황과 의향을 반영한 내부 협의를 거쳐, 실전에서는 미리 논의한 방향대로 진행되도록 미팅의 방향을 조율하는 것이 이상적입니다. 그러면 미팅 당일에 의견 차이가 심해져서 서로 얼굴을 붉히거나 곤란해지는 일이 일어나지 않습니다.

많은 사람이 시간을 할애하여 한자리에 모였는데 논의가 원점으로 돌아가는 비효율적인 상황은 피해야 합니다. 외부와 협의할 때는 그날 최종 결정을 내린다는 마음가짐으로 사전 조율 단계에서 부족함이 없도록 빈틈없이 준비합시다.

참고로, 외주업체는 여러분의 회사 외에도 여러 회사의 일을 병행하느라 대체로 바쁩니다. 그러니 너무 빠듯한 일정으로 의뢰하는 건 지양합시다.

외부 미팅은 사전 준비와 조율이 성패를 가른다.

72 논의는 구체적으로 여러 번 반복한다

"어, 그런 의미였나요?!"

"그 얘긴 못 들었는데요?"

상대에게 이런 말을 듣고 망연자실했던 경험이 있으신가요? 분명히 제대로 전달했는데, 상대가 미묘하게 어긋난 뜻으로 받아들였거나 아예 전달되지 않았던 경험은 누구에게나 있을 것입니다.

커뮤니케이션에 차질이 생기면 이후의 수습에 시간과 노력을 들일 수밖에 없어서 시간 효율이 크게 떨어집니다. 그러므로 상대에게 지시하거나 부탁할 때는 소통 방식에 각별한 주의를 기울여야 하죠. 아래 네 가지 사항을 고려하여 전달하는 것이 좋습니다.

1. 말을 걸기 전에 상대의 사정을 구체적으로 확인한다

"○○ 건으로 연락드립니다. 지금 10분 정도 시간 괜찮으실까요?"라고 물으며 대화 목적과 소요 시간을 명확히 전합니다.

2. 상대가 평소 사용하는 말과 표현에 맞춘다

업종이 다른 상대와 대화하거나 외래어를 많이 쓰는 회사라면 전문 용어 대신 일반적인 언어를 사용하는 것이 바람직합니다.

3. 숫자를 사용해 구체적으로 설명한다

크기, 시간, 비교 등을 설명할 때는 숫자를 사용해서 제시하면 더 명확하게 전달됩니다.

4. 각각 다른 방식으로 세 번 확인한다

(예시)

1회차: 프로젝트의 완료 예정일은 7월 15일로 괜찮을까요?

2회차: 7월 15일 13시까지 작업이 완료되는 게 맞을까요?

3회차: 약 2주 후 목요일, 즉 7월 15일 13시가 납기입니다. 전날 12시까지 작업물 전달을 부탁드리는 방식으로 진행해도 괜찮겠습니까? 빠진 부분은 없을까요?

1회차는 전체적인 방향을 확인하고, 2회차는 좀 더 구체적인 마감 시점을 확인하며, 3회차는 실행의 흐름까지 점검하고 누락 여부를 체크하는 방식이 좋습니다. 그러면 소통 과정에서 생기는 오류가 적어집니다.

전달 방식을 잘 설계하고, 철저하게 확인해 다시 작업하는 일이 없도록 만들자.

73 이미지나 음성이 텍스트보다 명확하다

프로젝트 참가자나 외주업체에 지시를 내릴 때는 프로젝트의 마감 일정을 비롯하여 프로젝트의 목적, 타깃층 등을 포함한 최종 목표까지 세부적으로 공유해야 합니다. 핵심은 성과물이나 최종 목표를 시각화하는 겁니다.

사진, 영상, 일러스트 등 형식은 상관없습니다. 전체적인 이미지를 구상할 때 참고한 프로젝트가 있다면 그 자료를 제시해도 좋고, 인터넷에서 유사한 프로젝트를 찾아 생각하는 방향과 근접한 예시라며 웹사이트나 보도자료를 전달하는 것도 좋습니다. 즉 '견본'을 보여 주는 것이 포인트입니다.

말로만 설명하면 인식 차이가 생기기 쉽지만, 시각적으로 볼 수 있는 구체적인 예시를 함께 제시하면 커뮤니케이션 오류를 줄일

수 있습니다. 일정 관련해서도 공정표나 작업 리스트 등 프로젝트 시작 전에 미리 만들어 둔 자료가 있으면 소통이 편리해집니다.

때로는 결과물이 나왔을 때 생각한 바와 다르다고 느낄 수도 있습니다. 그럴 때는 문장으로만 설명하지 말고, 이미지나 바라는 방향을 직접적으로 전하는 것이 좋습니다. 사소한 차이나 분위기 등은 텍스트만으로는 완벽하게 전달하기 어렵습니다. 대면 소통이 가장 좋지만, **외부에 의뢰한 경우에는 전화나 화상 회의를 통해 음성으로 설명하는 편이 바라는 지점을 더 잘 전달할 수 있습니다.**

바쁘거나 시간 조율이 어려운 상황이라면 메신저로 음성 메시지를 보내는 방법도 있습니다. 일방적인 전달 방식이긴 하지만, 뉘앙스를 전달하기 쉬울 뿐만 아니라 딱딱하고 차가운 인상을 줄 수 있는 텍스트에 비해 훨씬 따뜻한 느낌을 줍니다. 귀찮다고 느낄 수 있는 수정 요청도 부드러운 어조를 담은 음성 메시지라면 보다 긍정적으로 받아들여집니다.

시각적으로 견본을 제시하고, 음성으로 뉘앙스를 전달하자.

74 성공 사례를 따른다

관계자가 많을수록 본격적으로 움직이기 전에 전체적인 그림을 시각화해 두는 것이 매우 중요합니다. 목표로 향하는 과정이 명확하지 않으면, 프로젝트 참가자나 외주업체 등에 정확한 지시를 내리거나 적절한 업무 의뢰를 할 수 없습니다.

그때그때 대충 대응했다가는 실수나 반복 작업 같은 시간 낭비가 빈번하게 발생하고 말죠. 프로젝트의 전체적인 그림이나 목표가 확실하지 않은 상태에서 무턱대고 일을 시작하면 안 됩니다.

전체 그림을 '가시화'하는 방법은 기본적으로 '먼저 업무의 전체적인 프로세스를 파악한다'(45페이지)에서 설명한 방법과 같습니다. 할 일, 소요 시간, 기한 등을 점검하면서 어떤 일을 누구에게 맡길지, 언제까지 무엇을 요청할지를 포함하여 마감일을 기준으로 역산해 흐름을 시각화합니다.

구체적인 방법은 각자가 편한 방식으로 해도 괜찮지만, 포스트 잇을 활용하면 퍼즐처럼 순서를 바꿔볼 수 있습니다. **포스트잇 한 장에 하나의 작업이나 항목을 적은 다음, 화이트보드나 노트에 붙이며 상황에 맞춰 배열을 바꾸고 전체 흐름을 구상해 봅시다.**

또한 시간 효율을 중시한다면 기존의 성공 사례를 따라 하는 것을 강력하게 추천합니다. 내부에서 비슷한 프로젝트를 진행한 적이 있다면, 당시의 방식에서 아이디어를 얻을 수 있겠죠. 시간 효율도 좋고 성공 가능성도 높아집니다.

성공 사례를 찾을 때는 다른 부서 사람들에게도 물어보는 것이 좋습니다. 사례를 직접 알려 주기도 하고, "우리 부서는 아닌데 ○○ 씨가 비슷한 일을 한 적이 있어요."처럼 다른 부서의 정보를 소개해 주는 경우도 있습니다.

또 하나, 약간 특별한 방법을 알려드리겠습니다. 장기 근속자보다 **이직한 사람에게 물어봤을 때 더 좋은 조언을 얻을 수도 있습니다.** 회사마다 문화와 업무 처리 방식이 다르므로 지금까지 몰랐던 새로운 방식이나 더 효율적인 방법을 알 가능성이 높기 때문입니다.

주변 사람들에게 비슷한 프로젝트의 성공 사례를 물어보자.

75 진행 상황과 목표는 항상 공유한다

프로젝트에 참여하는 구성원에게는 전체적인 진행 상황과 목표를 항상 공유하는 게 좋습니다. 일부 작업에만 관여하는 사람이라 해도 예외는 아닙니다. 왜냐하면 자신이 맡은 일을 대략 언제쯤 시작해서 언제까지 끝내면 되는지 가늠할 수 있기 때문이죠.

프로젝트를 진행하다 보면, 처음의 일정보다 앞당겨지거나 늦어지는 일이 자주 발생합니다. 이러한 상황을 모두에게 공유하지 않으면, 막상 해당 작업을 실시할 차례가 되었을 때 "지금은 바빠서 작업할 수 없어요."라는 말을 들을 수도 있습니다.

또한 프로젝트 참여자가 많아질수록 각 공정 간의 연계나 인계 과정에서 트러블이 생길 가능성이 높아집니다. 예를 들어, 홈페이지를 제작하려면 웹디자인, 카피 작성, 이미지 촬영 등의 공정이 필요합니다. 웹디자이너에게 디자인을, 에디터에게 원고를, 사진작가에게 촬영을 의뢰한 뒤에 원고와 이미지가 모두 준비되면 끝나는 것이 아닙니다. 그 자료를 기반으로 웹디자이너나 프로그래머가 홈페이지를 제작하는 작업이 필요하죠.

그러한 과정상의 연결 고리를 누가 담당할 것인지 정하지 않았거나 전체적인 진행 상황을 공유하지 않으면 어떻게 될까요? 웹디자이너는 디자인을 완성하고, 에디터는 원고를 쓰고, 사진작가는 촬영을 마친 시점에서 자신의 역할은 끝났다고 인식해 아무도 움직이지 않을 수 있습니다. 또한, 목표의 청사진이 점차 흐려져 잘못된 결과물이 나올 수도 있습니다.

항상 전체적인 진행 상황을 공유하면 자신의 차례가 언제 올지 가늠해서 시간을 확보해 두거나, 오늘까지 보내 주기로 약속한 자료가 오지 않아 연락을 해 보는 등 작업자가 마음의 준비를 하거나 실제 일정을 조정하고 확보하기 쉬워집니다. 그러니 전체적인 진행 상황은 항상 공유하고, 서로가 원만하게 지원할 수 있는 환경을 만들어 둡시다.

누락과 실수를 방지하기 위해 전체적인 상황은 항상 공유하자.

76 모든 업무에 마감 기한을 설정한다

1~2개월 안에 끝나는 프로젝트도 있지만, 반년 또는 연단위로 이어지는 장기 프로젝트에 참여하는 경우도 있지요. 이런 프로젝트는 중간에 의욕이 떨어지거나 작업이 지연되는 등 순조롭게 진행하기 어려운 경우가 많습니다. 하지만 '천 리 길도 한 걸음부터'라는 속담처럼 목표를 향해 착실히 나아가야 합니다.

비단 장기 프로젝트만의 이야기는 아닙니다. 의욕이 떨어지거나 업무가 정체되는 것을 방지하기 위해 추천할 만한 방법을 소개해 드리겠습니다. 바로 마감 기한을 세부적으로 나눠서 마감을 여러 개로 설정하는 것입니다.

프로젝트가 시작되기 전에 전체적인 업무 프로세스를 종이 한 장에 담기도록 써 보거나 포스트잇 등으로 가시화합니다. 작성한 내용을 바탕으로 하나의 공정이나 프로세스를 더 작게 나눠서 세부적인 작업을 도출하고, 각각 마감 기한을 설정합니다. 예를 들어 발표자를 섭외한다는 항목이 있다면 '후보자 리스트 작성', '후보자에게 의뢰문 송부', '발표자와 사진 미팅', '배포 자료 요청', '최종 미팅' 같은 식으로 세분화하는 것입니다.

세분화한 작업은 담당자와 마감 예정일을 설정합니다. 다른 사람에게 맡길 경우, 상대의 업무 부담과 사정을 고려해 마감 기한을 정하고 언제까지 작업하면 되는지 명확하게 전달합니다.

작업마다 일일이 마감 기한을 설정하는 것은 다소 번거로울 수 있지만, 이는 일종의 채찍 역할을 합니다. 반대로 말하자면, 명확한 마감 기한이 없으면 아직 시간적 여유가 있다고 생각하며 쉽게 움직이지 않는 것이 사람 마음이라는 거죠.

또한 마감 기한에는 행동을 유도하는 역할뿐만 아니라 동기를 부여하는 효과도 있습니다. 세분화한 작업은 부담이 될 정도는 아니기 때문에 대부분 비교적 쉽게 끝낼 수 있습니다. 하나씩 완료할 때마다 성취감을 얻고, 그런 경험이 동기 부여로 이어져 작업이 느슨해지는 것을 방지할 수 있습니다.

하나의 작업을 세분화하여 마감 기한을 설정하자.

77 감사 인사는
사진을 활용하여 전달한다

여러 사람이 협력하여 하나의 목표를 달성하려면 단계를 세분화하고, 하나의 단계가 끝날 때마다 진행 상황을 공유하면서 함께 성취감을 맛보는 것도 시간 효율을 높일 수 있는 방법입니다. 하지만 그것만으로는 동기를 유지하기 어려울 때도 있지요.

그래서 저는 프로젝트의 고비나 전환점에서 의식적으로 감사 인사를 전합니다. 채팅으로 감사하다고 메시지를 보내거나 귀여운 이모티콘을 써서 감사한 마음을 유쾌하게 표현하는 것도 좋지만, 사진이나 음성으로 전달하는 방식을 추천드리고 싶습니다.

가령, 디자이너가 팸플릿을 만들었다면 사람들이 팸플릿을 읽는 모습을 사진으로 찍어 보내는 겁니다. 작업한 사람의 입장에서는 성취감이 느껴지겠죠. 다른 사람을 촬영하는 것이 꺼려진다면 인쇄된 팸플릿을 찍어 전송하는 것도 좋습니다. 메세지로 "무사히 완성됐습니다. 감사합니다."라고 말하는 것보다 훨씬 기분이 좋지 않을까요? 행사가 있다면 당일 회장의 분위기를 사진으로 전달해서 현장의 생생함을 전할 수도 있습니다.

참고로 저는 사적으로 누군가에게 추천받은 가게를 찾아간 경우, 가게 앞에서 사진을 찍어서 보냅니다. 직접 얼굴을 마주할 수 있는 상대라면 직접 인사를 드리는 것이 더할 나위 없이 좋지만, 거리가 멀면 쉽지 않죠. 하지만 사진, 음성을 활용하면 거리라는 핸디캡은 그리 큰 문제가 되지 않습니다.

이런 방식을 쑥스럽다거나 익숙하지 않다며 꺼리는 사람도 많습니다. 하지만 원만한 인간관계는 시간 효율에도 긍정적인 영향을 줍니다. 다른 사람이 잘 하지 않는 방식이기 때문에 오히려 시도할 가치가 있는 거죠.

사진을 활용하면 특별함이 더해져 고마운 마음이 더 잘 전달된다.

78 마감일은 며칠 빠른 날짜로 전달한다

제가 과거에 겪은 일입니다. 임원에게 회의 자료 작성이 필요하다고 말씀드린 적이 있습니다. 자료는 회의에 사용할 예정이었고, 전날까지만 완성하면 충분했습니다. 다만, 해외 기업에 문의해서 만들어야 할 내용이 포함된 작업이었습니다. 이를 고려하면 어느 정도 여유를 두고 마감일을 전달해야 했죠.

그런데 저는 실수로 회의 전날을 마감일로 말씀드렸습니다. 만약 업무가 지연되면 수습할 수 없는 기한이었습니다. 물론 늦지 않게 자료를 완성하면 아무런 문제가 없겠지만, 안타깝게도 당일에 오늘까지 작업하는 건 불가능하다는 답변을 들었습니다.

결국 회의를 진행할 수 없게 되었고, 여러 사람에게 머리를 숙이며 일정 변경을 부탁드려야 했습니다. 참가자 전원의 일정을 다시 조율하는 거라 여럿에게 민폐를 끼쳤고, 제 작업도 두 배로 늘어났습니다. 마감일을 좀 더 여유 있게 전달했더라면 좋았을 거라고 깊이 반성했습니다.

이런 경험 때문에 저는 이제 마감일을 잡을 때 여유 시간을 둡니다. 즉 **진짜 마감일보다 며칠 앞선 '임시 마감일'을 고지하는 것이죠.** 저는 이것을 '사전 마감일'이라고 부릅니다. 물론 이러한 의도를 상대에게 들켜서는 안 됩니다. 들키는 순간, 고지한 날짜는 진짜 마감일이 아니니까 늦어도 괜찮다고 생각하기 때문입니다.

상대가 사전 마감일에 맞춰 결과물을 주면, 일정을 앞당겨 진행할 수도 있고 다른 작업을 미리 시작할 수도 있습니다. 그리고 만약 상대에게 일이 생겨 늦어지더라도 업무 진행에 차질이 생기지 않습니다. 사전 마감일을 얼마나 빠르게 설정할지는 업무 내용이나 상대와의 관계 등을 고려해서 정하는 것이 좋습니다. 참고로 저는 보통 이틀 앞선 날짜를 사전 마감일로 설정합니다.

마감일을 잡을 때는 작업이 지연되는 상황을 고려하여 전달하자.

79 업무 일지는 날마다 공유한다

설명할 당시에는 서로 이해했더라도, 시간이 지나면서 내용을 잊거나 변경된 사항이 생김으로써 인식 차이가 생기는 경우가 있습니다. 이러한 인식 차이를 자각하지 못한 채 업무를 진행하면 실수하거나 다시 작업해야 하는 상황이 생기기 쉽습니다.

그러므로 프로젝트 참여자끼리는 최소한 하루에 한 번 정도 연락을 주고받는 것이 좋습니다. 예를 들자면 아래와 같은 방식으로 최신 정보나 상황을 공유하는 거죠.

"○○ 건은 승인받았습니다."

"그때 논의한 건은 △△가 맞는 거죠?"

담당 작업별로 개설한 채팅방에서 날마다 업무를 공유하면 됩니다. 외에도 단위를 한 주로 설정하여 지난주에 완료한 작업 및 앞으로 진행할 작업도 공유하면 더욱 좋습니다.

작업 공정을 세분화하고, 지난주에 완료한 것들을 공유하면 프로젝트를 진행하고 있다는 사실을 실감할 수 있습니다. 나아가 성취감을 느끼거나 진척 상황을 정확히 파악할 수 있습니다. 팀 내부에서 할 일을 명확히 하여 누락을 방지할 수도 있습니다. 계획대로 진행되는지, 아니면 다소 지연되고 있는지도 함께 공유하면 안심하고 프로젝트를 추진할 수 있겠죠.

또한 팀 내부의 진척 상황뿐만 아니라 전체적인 상황을 공유하는 것도 잊으면 안 됩니다. 프로젝트 내의 세부적인 부분에만 주의를 기울이면 공정 간 연결에서 실수가 생기거나, 거시적으로 봤을 때 비효율적인 일이 발생할 수 있기 때문입니다.

현재 어느 팀이 어떤 공정을 진행 중인지 파악하여 공유하면 자신의 팀이 맡은 위치와 역할을 파악하기 쉽습니다. 게다가 곧 끝날 작업을 체크하고 이제 우리 팀의 차례라는 사실도 인지할 수 있습니다. 프로젝트의 진행 상황은 관계자가 모두 참여한 전체 채팅방에서도 공유해야 한다는 점은 말할 필요도 없겠죠.

평소에도 수시로 정보를 공유하자.

80 통념으로 상대를 통제하지 않는다

글로벌 기업에서는 다양한 국적의 사람들이 함께 일합니다. 그런 환경에서는 각자 다른 문화에 익숙하다는 것이 당연하다는 인식이 강하므로 상대의 가치관이나 사고방식을 존중하는 분위기가 자연스럽게 형성됩니다.

반면에 국내 기업에서는 모두가 비슷한 가치관을 공유한다는 전제를 갖는 경우가 많아, 다양한 생각을 받아들이는 것을 어려워하는 경향이 있습니다. 그러므로 일반화를 명분으로 상대를 통제하면 안 된다는 점을 유의해야 합니다.

"○○ 씨, 벌써 퇴근해?"

"보통 이렇게 하지 않나? 왜 그런 식으로 해?"

이런 식으로 자신의 가치관을 상대에게 강요하면 안 됩니다. 정시에 퇴근하는 게 당연한 사람이 있는가 하면, 일이 최우선이므로 야근하는 사람도 있습니다. 또한 세대나 직급, 처한 상황이 다르면 일에 대한 가치관도 다르기 마련입니다.

그런 **다양한 개인차를 통념이라는 말로 일반화하면, 상대에게 불쾌감을 주거나 팀의 분위기를 해치는 결과로 이어질 수 있습니다.** 팀 내부에 트러블이 발생하면 원래 잘 돌아가던 일도 원활하게 진행되지 않습니다. 심하면 프로젝트에서 이탈하는 사람이 생기거나 퇴사라는 최악의 결과가 벌어지기도 합니다.

글로벌 기업에서도 이런 일이 전혀 없는 건 아니지만, 그런 불상사가 발생하면 프로젝트 자체의 존속이나 예정된 업무 진행에도 악영향을 줍니다. 당연하게도 시간 효율을 높이는 건 꿈도 못 꾸겠죠. **행복의 우선순위는 사람마다 다르다는 것, 타인의 가치관을 부정하는 것은 해롭다는 사실을 인지해야 합니다.**

단, 억지로 상대에게 맞추라는 이야기는 아닙니다. 타인의 생각과 가치관을 존중하기 위해 서로 조금씩 양보하며 접점을 찾아가자는 뜻이니 무리하게 자신의 생각을 굽힐 필요는 없습니다.

일에 대한 가치관은 사람마다 다르다.

81 프로젝트가 끝나면 함께 식사한다

| '업무로 맺은 인간관계는 담백할수록 좋다.'

이렇게 생각하시는 분이 많을 겁니다. 하지만 업무를 추진하는 데 있어 주변 사람과의 협력은 피할 수 없습니다. 함께 프로젝트를 진행하다 보면 업무 관련으로 부탁을 주고받는 경우도 흔하죠. 상대의 도움을 받기도 하고, 반대로 내가 상대방을 돕기도 합니다.

업무로 만나는 사람과 라포를 형성하여 관계를 원만하게 만들면 일이 훨씬 순조롭게 풀릴 가능성이 높습니다. 즉 인간관계는 시간 효율에도 크게 영향을 미칩니다.

물론, 직장 동료나 거래처 관계자와 개인적으로 시간을 보내는 일은 쉽지 않고, 굳이 그렇게까지 하고 싶지 않다고 생각하는 사람도 많습니다. 그래서 이 책에서는 '함께 진행하는 프로젝트가 끝나면 함께 식사하기'를 제안합니다.

식사 중에 상대의 관심사나 특기, 업무나 팀 분위기 등을 가볍게 이야기해 보세요. 그리고 그 사람의 관심 분야에 관한 새로운 정보나 재미있는 내용을 알게 되면, 꼭 상대에게 알려 줍시다. 그렇게 함으로써 자연스럽게 친밀감이 형성되고, 상대 또한 나를 향한 관심이 커집니다. 크게 부담스럽게 생각할 필요 없이, 담당하는 업무를 주제로 삼아 이야기를 나누는 것만으로도 충분히 의미가 있습니다. 언젠가 그 정보가 도움이 될 수도 있고요. 프로젝트가 끝난 뒤에 식사하는 정도라면 그리 부담스럽지도 않습니다.

부서가 다르거나 나이 또는 직급이 다른 사람과도 함께하면 더욱 좋습니다. 내가 몰랐던 색다른 시각의 정보나 내밀한 이야기를 들을 수도 있으니까요. 제가 보좌했던 임원들은 점심 미팅 때 정보를 수집하여 관계를 다지는 데 활용했습니다. 그 정보를 바탕으로 업무를 배분하거나 때로는 프로젝트의 사전 작업을 해 두기도 했지요. 임원들의 노하우는 배워 두면 좋습니다.

> 긍정적인 인간관계를 구축하면 일이 훨씬 잘 풀린다.

82 고마운 상대에게는 작은 선물을 한다

예전에는 감사의 뜻이나 수고했다는 마음을 전하는 방식으로 회식 자리를 마련하는 게 일반적이었습니다. 하지만 요즘은 술을 마시지 않는 사람도 많고, 경영진이 생각하는 만큼 회식은 반가운 보상이 아니죠. 무엇보다 상사가 함께하는 자리에서 술을 마시거나 식사하는 것은 신경 쓰이고 피곤해서 쉽게 지칩니다.

제가 근무하던 기업에서는 회식을 갖는 대신 간단한 선물을 돌리는 것이 보편적이었습니다. 특히 가부키*나 콘서트, 이벤트 등의 티켓을 많이 선물했습니다. 부득이하게 회식 자리를 마련해야 한다면 임원들은 일부러 직전에 불참을 알리거나, 끝나기 직전에 잠

---

* 일본의 전통 공연으로, 배우는 모두 남성으로 이루어졌다.

깐 들러서 계산만 하고 돌아가는 경우가 많았습니다. 그들은 **자기 시간을 쓰지 않고도 상대를 기분 좋게 만드는 데 능했던 겁니다.**

이런 경험 덕분에 저 역시 식사 자리를 마련해서 감사의 마음을 전하는 경우는 많지 않습니다. 대신 **'일상에서 기분이 좋아지는 작은 체험'을 선사한다는 의미로 선물을 보내곤 합니다.** 굳이 자기 돈으로는 사지 않을 법한 고급 초콜릿이나 고가 브랜드의 화장품이 무난합니다. 프랜차이즈 카페 기프트 카드는 호불호가 덜하고 온라인으로도 보낼 수 있어 편리하고, 조금 특별한 느낌을 주고 싶을 때는 오리지널 라벨을 붙인 와인을 선물합니다. 특히 주문과 배송이 전부 온라인으로 해결되는 서비스를 자주 이용합니다.

선물에 거금을 지출한다고 생각할지도 모르겠네요. 하지만 회식 자리를 마련하려면 1인당 얼마가 들까요? 거기다 모두의 일정을 조율하고, 식당을 예약하고, 계산까지 마치는 수고도 필요합니다. 그에 비하면 고급스러운 선물을 주는 건 훨씬 편하죠. 모든 절차를 온라인으로 끝낼 수 있으니 시간 효율도 챙기는 셈입니다.

회식 자리를 만드는 것보다 선물을 주는 것이 훨씬 이득이다.

6장

삶이 만족스러워지는
작은 습관

83 아무리 바빠도 최소 7시간은 잔다

시간 효율을 높이는 데는 다양한 요령이 있지만, 뇌가 제대로 작동할 수 있는 상태를 유지하는 것이 무엇보다도 중요합니다. 그러기 위해서는 우선 수면 시간을 충분히 확보하시길 바랍니다.

아시다시피 졸릴 때는 일이 손에 잡히지 않고, 뇌가 본래의 능력을 발휘하지 못합니다. 그런 상태로 일하면 능률이 오르지 않아서 실수를 반복하고, 일은 끝나지 않아 결국 야근으로 이어지겠지요. 야근을 거듭하면 심리적으로도 위축되어 자존감이 낮아지고, 일도 잘 풀리지 않는 악순환에 빠집니다.

시간 효율을 높이려면 뇌와 몸을 충분히 쉬게 해야 합니다. 뇌와 몸을 회복시키는 수면의 핵심은 두 가지입니다. 첫째는 '시간'입니다. 적절한 수면 시간은 사람마다 다르지만, 최소 7시간은 확보합시다. 제가 보좌했던 임원들도 아무리 일이 많아도 자정 전에는 잠자리에 들려고 노력했습니다.

또 하나의 핵심은 '질'입니다. 침대에 누워도 잠들지 못하거나, 얕은 잠만 잔다거나, 새벽에 여러 번 깨는 등 잠을 자도 잔 것 같지가 않은 최악의 상황을 피해야 합니다. 그래서 임원들은 전략적으로 수면의 질을 높이는 환경을 만들었습니다.

저녁 6~7시 사이에 식사를 끝내 소화가 잘 끝난 상태로 잠들고, 이메일 확인은 밤 10시까지 마치며, 밤 11시 전까지는 목욕을 끝내고 심신의 긴장을 풀어 줍니다. 또한 조명을 어둡게 켜서 몸이 자연스럽게 잠들도록 만듭니다. 참고로, 베개나 매트리스에 신경 쓰는 것도 수면의 질을 높이는 데 도움이 됩니다.

저녁 이후에는 대부분의 상사가 연락이 닿지 않았는데, 이는 단순히 사적인 시간을 우선했기 때문만이 아니라 수면의 질을 높이려는 의식적인 선택이었을 겁니다. 최소 수면 시간을 잡고 그걸 지키려고 노력하면, 자연스럽게 취침 시각도 일정해지고 루틴도 잡혀 몸과 마음 모두 건강하게 유지됩니다.

바쁘다고 잠을 줄이면 오히려 시간 효율이 떨어진다.

84 결정적 순간을 위한 아이템을 갖춘다

프로 선수나 아티스트가 경기나 공연을 앞두고 음악을 듣거나 특정 동작을 취하는 모습을 보신 적이 있을 겁니다. 이런 행동은 특정 음악이나 동작을 기준점으로 삼아 자신의 컨디션을 최고의 상태로 끌어올리는 심리적 기법으로, 심리학에서는 '앵커링 Anchoring'이라 부릅니다.

'앵커Anchor'는 '닻'을 뜻하며, 이는 힘을 끌어내는 어떤 아이템이나 동작을 설정하여 심리적인 중심추로 삼는 행동 방식입니다. 루틴을 만드는 것도 이를 일상에 적용한 예라고 할 수 있습니다.

> "이 정장을 입으면 협상이 잘 풀려요."
> "이 샤프를 쓰면 좋은 아이디어가 떠올라요."

또 중요한 미팅 자리에는 빨간색, 고객 컴플레인 대응 시에는 초록색, 팀에 활기를 주고 싶을 때는 주황색처럼 특정한 색을 활용해 옷을 입는 사람도 있습니다. 물론 실제로 특별한 힘이 깃든 물건은 아니지만, 손에 쥐거나 착용하는 것만으로도 기운이 나고 의욕이 생기는 느낌은 누구나 감각적으로 이해하실 겁니다.

제가 보좌했던 임원 중에도 이런 아이템을 활용하는 분이 많았습니다. 중요한 서류에 서명할 때만 사용하는 만년필을 지니고 다니던 분, 중요한 미팅이 있을 때만 착용하는 정장이 있는 분 등 아이템의 종류는 다양했습니다. 그 아이템을 소지하거나 착용한 날에는 중요한 일정이 있다는 사실을 눈치챘던 기억이 납니다.

심리학적으로도 행운의 아이템은 집중력을 높이고 수행 능력을 끌어올리는 데 도움이 된다고 알려졌습니다. 쉽게 말하면, 일을 잘 풀리게 만들어 주는 도구인 셈이죠. 중요한 고객사를 방문할 때 착용하는 손목시계, 마감 직전에 듣는 음악, 미팅 전에 먹는 과일, 특별한 날에 입는 원피스 등 무엇이든 자유롭게 정할 수 있습니다. 여러분도 자신만의 부적을 만들어 자신감을 끌어내시길 바랍니다.

행운의 아이템을 만들어 두면 자신감이 생긴다.

85 마음에 드는 아침 루틴을 만든다

기상 직후는 분주하게 보내는 분들이 많습니다. 안락한 침대에서 일어나는 일은 귀찮고, 아침 식사를 챙기거나 외출 준비를 하는 것도 번거롭습니다. 출근하면 저녁까지 일해야 한다는 생각 때문에 답답해진 가슴을 달래며, 시간에 쫓기듯이 간신히 움직이는 분들의 마음도 충분히 이해합니다.

하지만 시간에 쫓기며 아침을 허둥지둥 보내면, 머릿속이 정리되지 않은 상태 그대로 근무를 시작하고, 결국 저녁까지 정신없이 보내기 십상입니다. 반대로 아침을 여유롭게 시작하면 좋은 흐름으로 하루를 보내는 것도 어렵지 않습니다.

아침을 내 편으로 만들려면 일단은 잘 자고 상쾌한 기분으로 일어나는 것을 전제로 둬야 합니다. 이에 대해서는 '아무리 바빠도 최소 7시간은 잔다'(214페이지)를 참고하시길 바랍니다. 덧붙이자면 회사에 입고 갈 옷을 전날 밤에 미리 준비하면 아침을 훨씬 여유롭게 보낼 수 있습니다.

여기에 더해, 하루를 수월하게 시작하는 걸 도와줄 아침 습관을 하나 만들어 보시길 권합니다. **시간 효율이 뛰어난 사람일수록 아침 시간을 알차게 활용합니다.** 글로벌 기업의 임원들은 대체로 일찍 일어납니다. 누구에게도 이메일이 오지 않는 새벽 5시부터 아침 7시 사이에는 전날 퇴근 이후에 도착한 이메일을 처리하고, 헬스장에서 가볍게 땀을 흘린 뒤에 출근하는 분도 적지 않습니다. 그 밖에도 명상, 예배, 반려견 산책 같은 습관을 만들었습니다.

모두 하루를 기분 좋게 시작하는 좋은 계기가 되어 주는 습관입니다. 여유로울수록 멋진 발상이 떠오르기 마련인데, 아침 루틴이 창의력의 원천일지도 모르겠네요. 여러분도 라이프 스타일에 맞는 아침 습관을 하나쯤 마련하시는 건 어떨까요?

아침을 여유롭게 보내면 하루가 잘 풀린다.

86 가벼운 운동으로 컨디션을 파악한다

저는 아침에 일어나면 침대 안에서 가볍게 스트레칭을 하고 발바닥을 마사지합니다. 단 5분이면 할 수 있는 일이지만, 몸이 잠에서 깨어나 부드럽게 움직이기 시작합니다. 매일 계속하다 보면 발끝이 좀 차갑다거나 어깨가 결리는 느낌을 받는 등 몸의 변화를 알아차릴 수 있습니다. 그러면 따뜻한 차를 마시거나 가볍게 스트레칭을 해서 몸을 돌보고, 컨디션을 관리할 수 있습니다.

어떤 임원이 아침에 가볍게 몸을 움직이면 그날의 컨디션을 알수 있다고 조언한 적이 있습니다. 임원 중에 아침부터 헬스장에서 운동하는 습관을 가진 사람이 많았던 이유는 그런 방식으로 몸의 변화를 파악하고 건강을 유지했기 때문이겠지요.

해외에서는 비만을 자기 관리가 부족하다고 보는 경향이 강해 임원들도 체형 관리에 상당히 신경을 썼던 것으로 기억합니다. 그래서 매일 운동하는 습관을 들인 사람이 많았습니다. 운동에는 체형 유지 외에도 몸을 움직이는 과정에서 분비되는 호르몬이 정신을 안정시키는 등 긍정적인 효과가 여럿 있습니다. 또한, 운동으로 멍한 머리를 깨울 수도 있죠. 뇌에 시동을 건 상태로 일을 시작할 수 있으니 오전 업무의 시작이 매끄럽게 이루어집니다.

물론 아침 일찍 헬스장에 갈 정도로 본격적인 운동을 시작하는 건 쉽지 않습니다. 하지만 가볍게 몸을 움직이는 정도라면 일상에서 얼마든지 실천할 수 있습니다. 운동이라고 하면 주저하시는 분도 많은데, 일단 몸을 가볍게 움직이는 것이 중요하므로 산책만으로도 충분한 효과를 기대할 수 있습니다.

어떤 일을 하든 몸이 자산입니다. 가벼운 운동을 통해 몸도 마음도 맑아진 상태로 일상을 영위하시기 바랍니다.

운동하는 습관은 전반적으로 시간 효율을 올려 준다.

87 업무 모드의 온 앤 오프를 구분한다

많은 직장인이 아침부터 커피를 마십니다. 제가 보좌했던 임원 중에는 집에서 커피를 마시고 오는 것보다, 사무실에 들어가기 전에 테이크아웃해서 업무를 시작하며 마시는 걸 선호하는 분이 계셨습니다. 짐작건대 커피를 사는 행위를 일종의 스위치로 삼아, 머릿속을 업무 모드로 전환하는 습관을 만드셨던 것 같습니다.

이처럼 자신을 업무 모드를 '온'으로 바꾸는 습관이 있는 임원들을 자주 볼 수 있었습니다. 어떤 분은 손등을 반대쪽 손으로 두드리는 동작을 신호로 삼았고, 또 다른 분은 책상 서랍에 향이 좋은 핸드크림을 넣어 두었다가 일하기 전에 발랐습니다.

이러한 방식은 좋은 컨디션으로 업무에 임하기 위한 일종의 조건부 반응으로, 특정 아이템을 설정해 두는 앵커링 기법의 일종이죠.

앵커링에 대해서는 '결정적 순간을 위한 아이템을 갖춘다'(216페이지)에서도 설명드린 바 있습니다.

업무 모드로 들어가기 위한 자신만의 신호를 정해 두면, 어느 순간이든 자유롭게 전환할 수 있습니다. 저는 출근길에 듣는 음악을 신호로 삼았습니다. 제가 좋아하는 록 밴드의 곡 중에서 '출근길에 듣는 곡'을 하나 정하고, 회사 근처 역에 도착할 즈음에 그 곡이 끝나도록 시간을 맞춰 재생합니다. 곡이 끝나는 시각에 내릴 역에 도착하면, 지금 이 순간부터 근무를 시작하는 거라며 마음을 다잡고 지하철에서 내리는 게 습관입니다.

그리고 퇴근 시간의 신호는 노트북 덮개를 '탁' 소리 나게 닫는 것입니다. 덮개를 닫으면 오늘의 업무는 끝났다는 개운한 기분이 들죠. 다만, 여기서 탁 소리 나게 닫는다는 것은 비유적인 표현입니다. 업무 자료가 들어 있는 노트북은 조심히 다뤄 주세요.

또한, 아침에 들었던 록 밴드의 다른 곡을 '퇴근길 곡'으로 정하고, 퇴근길에는 그 음악을 들으며 상쾌한 기분으로 귀가하곤 했습니다. 이처럼 자신만의 신호를 정하면 무의식중에도 업무 모드의 온 앤 오프 전환이 가능해져 뇌의 부담도 줄일 수 있습니다.

자신만의 신호를 만들면 집중이 수월해진다.

88 탄수화물 섭취량을 줄인다

일에 쫓겨 점심을 느긋하게 먹기 어려울 때, 라면이나 덮밥류를 선택하면 아주 간편하게 끼니를 해결할 수 있습니다. 이런 메뉴는 탄수화물을 많이 섭취하도록 만들어 포만감과 만족감을 주며, 한 그릇으로 해결할 수 있으니 식사 시간도 단축됩니다. 그래서 점심에 이런 메뉴를 고르는 사람이 많은 걸지도 모르겠네요.

하지만 탄수화물을 잔뜩 먹고 나면 오후에 졸음이 몰려오는 경험을 한 번쯤 해 보셨을 겁니다. 이는 탄수화물 섭취로 혈당치가 급격히 오르는 데 따른 것이기도 하고, 과식으로 위장에 과도한 부담을 가한 탓이기도 합니다. 위에 많은 음식을 채워 넣으면 그것을 소화하기 위해 다량의 혈액과 에너지를 사용하기 때문에 뇌로 가는 에너지가 부족해집니다. 그 결과 강렬한 졸음을 유발하는 것입니다. 즉 몸에 부담이 많이 가는 상태입니다.

졸음이 쏟아지면 당연히 일이 잘 풀리지 않겠지요. 오후 일정이 어그러져 일을 끝내지 못하고 울며 겨자 먹기로 야근하는 안타까운 상황이 벌어질 수도 있습니다. 이처럼 시간 효율이 낮아지는 상황을 피하기 위한 간단한 방법을 하나 소개하겠습니다. 바로 점심으로 지중해식 메뉴를 먹는 것입니다.

지중해식이란 이탈리아, 스페인, 그리스 같은 지중해 연안 국가의 식사를 뜻합니다. 채소와 과일을 많이 섭취한다는 특징이 있습니다. 구체적으로는 탄수화물을 줄이고, 채소·과일·단백질을 충분히 섭취할 수 있는 메뉴를 고르는 것입니다. 예를 들어, 샐러드, 오믈렛, 닭고기, 흰살생선 등에 소량의 빵이나 밥을 곁들이면 좋습니다. 일본식 식단도 추천할 만합니다. 밥은 조금만 달라고 요청해서 전체적으로 탄수화물 섭취량을 줄이는 것이 포인트입니다.

이렇게 먹으면 배고플 것 같다고요? 그래서 양을 줄여도 배부른 방법을 소개하겠습니다. 바로 잘 씹는 것입니다. 음식을 충분히 씹으면 뇌가 포만감을 쉽게 느끼고, 소화도 촉진되어 위에 가해지는 부담이 줄어듭니다. 소화하는 데 과도한 에너지를 쓰지 않으면 오후에도 뇌가 제대로 활약할 것입니다.

위의 부담을 줄이면 일에 집중하기 쉬워진다.

89 건강한 식습관을 만든다

제가 보좌했던 임원들은 식생활에 많은 관심을 기울였습니다. 아무거나 드시지 않았죠. 그분들로부터 점심 도시락을 사 오라는 부탁을 받았을 때는 칼로리가 지나치게 높거나 영양 균형이 나쁜 것은 피하고 늘 마쿠노우치벤토*를 사 오곤 했습니다.

그들이 식생활에 주의를 기울인 이유는 <mark>건강한 몸을 유지하는 것이 시간 효율을 높이는 것과 직결되기 때문입니다.</mark> 몸이 좋지 않으면 뇌는 제대로 작동하지 않고, 기분도 쉽게 가라앉아 시간 효율도 떨어집니다. 또 병원에 다니거나 약을 복용하면 시간과 돈이 추

---

* 대표적인 일본식 도시락으로, 원래 전통 연극의 막간에 즐기기 위해 고안되었다. 보통 밥과 생선구이, 계란말이, 어묵, 다양한 채소 절임 등을 포함한다.

가로 듭니다. 즉 건강한 신체는 직장은 물론이고 인생 전체에서 시간 효율을 높이는 일로 이어집니다.

무엇을 먹느냐에 따라 몸 상태는 달라집니다. 특히 '오일'과 '소금'을 바꾸는 것을 추천합니다. 사용하는 식용유를 '엑스트라 버진 올리브 오일'이나 'MCT 오일'로 바꾸면 장내 환경이 개선되고 몸의 불편함을 줄이는 데 도움이 됩니다.

엑스트라 버진 올리브 오일은 화학 처리를 하지 않고 압착·여과해 얻은 고품질 오일로, 잘못된 생활 습관으로 생기는 질병을 예방합니다. MCT 오일은 코코넛 같은 야자과 식물에 함유된 중쇄지방산을 추출한 오일로, 소화·흡수 효율이 뛰어나고 지방 연소를 돕는 효과가 있습니다. 맛과 냄새가 거의 없으므로 커피에 MCT 오일을 몇 방울 떨어뜨려 마시는 것도 추천드립니다.

또 천연소금은 체내 미네랄 균형이 조정되고, 호르몬 불균형을 회복하는 데에도 도움이 된다고 합니다. 천연소금은 가공 과정에서 미네랄이 사라지는 값싼 정제염과 반대로 칼륨이 풍부할 뿐만 아니라 맛에 깊이가 있어 적은 양으로도 충분하다는 장점이 있습니다. 염분 섭취량을 줄이면 고혈압이나 부종을 막을 수 있고, 몸 상태도 쉽게 안정시킬 수 있습니다.

식습관 개선으로 건강을 챙겨야 시간을 효율적으로 쓸 수 있다.

90 야근할 수 없는 날이라고 선언한다

이렇게 말하는 사람에게는 일을 시키는 게 쉽지 않습니다. 그래서 꼭 야근을 피하고 싶은 날이라면 아침부터 상황을 보면서 주위 사람들에게 오늘은 야근을 못 한다고 미리 말하시길 바랍니다.

그렇게 선언하면 주위 사람들도 쉽게 추가적인 업무를 부탁하지 못하는 데다가 스스로도 야근하지 않겠다는 말을 꺼냈으니 철회하는 게 어려워집니다. 어떤 일이 있어도 일을 끝내겠다는 각오로 시간 효율을 극대화하며 업무를 처리하겠죠.

애초에 시간 효율을 높이는 목적은 일을 빨리 끝내고 야근 없이 퇴근해서 개인적인 시간을 즐기기 위함입니다. 내 업무가 다 끝났다는 이유로 쓸데없는 일까지 떠맡으면 헛수고한 셈이죠.

회사 분위기상 그러는 게 쉽지 않은 경우도 있습니다. 그러면 야근할 수 없는 요일을 정해서 주위에 선언하는 방식을 추천합니다. 일주일에 며칠만이라도 정시에 퇴근할 수 있다면 이전보다 위라밸이 보장됩니다. 또한 당일 아침에 말하기보다는 며칠 전부터 이때는 야근할 수 없다고 선언해 두는 편이 더 효과적입니다. 어떤 방식이든 시간 효율을 높이려는 본래의 목적을 잊지 말아야 합니다.

제가 보좌했던 임원들 역시 대체로 야근을 지양했습니다. 퇴근 이후에는 사생활을 즐기고 싶다는 확고한 의사가 느껴지는 사람에게는 무리하게 일을 맡기고 싶다는 생각이 들지 않기 마련입니다.

물론 임원들은 아침에는 대응할 수 있다거나 몇 시까지 오는 연락은 괜찮다는 등 업무 논의가 가능한 시간을 구체적으로 전달했습니다. 일을 내팽개치고 도망치는 것이 아니라, 자신의 책임은 끝까지 다했던 것이지요. 그러한 자세를 본받아 시간 효율을 극대화하여 일과 삶의 균형을 지킬 수 있기를 바랍니다.

내 시간은 스스로 통제하자.

91 성취감을 느끼는 업무 방식을 만든다

일반적으로 캘린더 앱은 일정별로 색을 바꾸는 기능이 있습니다. 한 동료는 일정을 완료할 때마다 캘린더 앱에서 지정한 색을 바꿨습니다. 완료한 작업과 진행 중인 작업을 색으로 구분해서 작업의 흐름을 시각화한다는 실용적인 이유가 주된 목적이겠지만, 작은 성취감을 느끼고 싶어서 그랬을지도 모르겠네요. 이처럼 일상에서 작은 성취감을 맛보는 순간이 많아질수록 일뿐만 아니라 인생 자체도 보람차게 변합니다.

앞서 예시로 든 동료의 방식은 다른 형태로도 응용할 수 있습니다. 가령 수첩에 업무 일지를 작성하는 사람이라면, 일정이 끝날 때마다 형광펜으로 칠하거나 체크 표시를 해도 좋겠지요. 또 하루 목표를 세우고 그 목표를 달성한 날에는 월간 페이지의 해당 날짜에 스티커를 붙이는 사람도 있습니다.

참고로 저는 '죽기 전에 하고 싶은 일 100가지' 목록을 만들어 두고, 하나씩 달성할 때마다 스티커를 붙이고 있습니다. 진행 상황이 한눈에 보이는 데다가 스티커가 하나씩 늘어나는 걸 눈으로 확인하면 또 한 가지를 이뤄냈다는 만족감에 기분이 무척 좋습니다. 게임을 클리어해 가는 듯한 유쾌한 감각도 있고요.

그저 묵묵히 작업을 처리하기만 하면, 매일이 무미건조하게 느껴지거나 인생 자체가 단조롭게 느껴질 수 있습니다. 캘린더 앱에서 색을 구분한다거나 스티커를 붙이는 등 누구나 할 수 있는 간단하고 쉬운 방법으로 일상에 작은 성취감과 기쁨이라는 양념을 더하는 건 어떨까요?

작은 성취감은 간단한 행동만으로도 얼마든지 맛볼 수 있다.

92 80%면 충분하다고 생각한다

직장에서 더 높은 완성도를 추구하며 묵묵히 노력하는 자세는 당연히 훌륭한 태도입니다. 하지만 항상 완벽을 추구하는 삶을 살아야 한다고 생각하면 왠지 모를 답답함이 밀려오기도 합니다. 무엇보다 일에 지나치게 몰두하면 시간에 쫓기고, 시간 효율을 높인다는 관점에서 보면 완벽해지는 것을 권하기 어렵습니다.

더할 나위 없이 완벽한 결과물을 만드는 이상을 좇다 보면, 언제까지고 스스로에게 '합격'을 내리지 못합니다. 그렇다고 일을 대충 처리하기는 싫으실 겁니다. 타협해서 대략 80% 정도에서 스스로에게 오케이 사인을 내리는 게 딱 좋지 않을까요?

제가 보좌했던 임원들은 누군가에게 지시를 명확하게 내린 후에는 업무를 온전히 그 사람에게 맡기곤 했습니다. 완벽한 결과물을 고집하지 않았기 때문에 가능한 태도였습니다. **아마도 시간 효율을 높여 일을 원활하게 끝내는 편이 완벽한 결과물보다 중요하다고 여겼기 때문이겠지요.**

유연한 사고방식은 회사뿐만이 아니라 개인적인 영역에서도 마음을 여유롭게 만드는 데 큰 도움이 됩니다. 가사나 육아를 완벽하게 하려는 마음에 일상이 너무 바빠지고, 시간에 쫓기니 스스로를 몰아세우는 사람이 아주 많습니다. 하지만 **완벽주의를 내려놓으면 할 일이 상당히 줄어듭니다.**

과거에 저는 직접 마트에 가야만 좋은 식재료를 살 수 있다고 생각했습니다. 여러 상품을 비교하고 신선도를 확인해야 안심하고 구매했죠. 그런데 온라인 마트를 이용하면서 생각이 바뀌었습니다. 품질에 전혀 차이가 없고, 무거운 짐을 들 필요도 없으니 훨씬 편합니다. 그래서 이제 온라인 쇼핑을 자주 이용합니다.

청소도 예전에는 매일 해야 한다고 생각했지만, 지금은 이틀에 한 번이면 충분하다는 생각으로 바뀌었습니다. 업무가 바쁜 사람 중에는 집안일을 전문 업체에 맡기는 이들도 많습니다. 중요하지 않은 일이라면 군이 직접 할 필요가 없는 거죠.

완벽주의를 내려놓으면 여유가 생긴다.

93 취미는 평일 저녁에 즐긴다

시간 효율이 높아져서 야근이 사라진다면, 퇴근 후에 생기는 개인적인 시간을 어떻게 보내고 싶으신가요? 다양한 활용법이 있겠지만, 취미를 즐기거나 새로운 분야를 배우는 걸 추천합니다.

평일 저녁에 일정을 잡으면 갑작스럽게 야근이 생길 경우, 기존 일정에 차질이 생긴다는 이유로 개인적인 취미는 주말에 즐기는 분도 계실 겁니다. 야근 때문에 계획을 망치면 속상하다는 마음은 이해합니다. 그러나 정말로 시간 효율을 높이는 방식으로 일하고 싶다면 오히려 평일에 취미를 즐기셔야 합니다.

예약이 잡혔으니 무슨 일이 있어도 꼭 가야 한다는 생각이 동기를 유발할 뿐만 아니라, 퇴근하면 보상이 기다리고 있다는 사실 덕분에 업무 시간도 긍정적으로 보낼 수 있습니다. 하루의 마지막을 자신이 좋아하는 일로 마무리하는 것보다 행복한 게 있을까요?

제가 보좌했던 임원들도 각자 다양한 취미를 즐겼습니다. 금관악기를 배우거나, 고향의 음악이 그리워서 카리브 음악을 배웠습니다. 일본 전통 요리나 프렌치 요리 교실에 다니는 분도 있었죠. 보컬 트레이닝을 받던 분이 콘테스트에 나가서 우승했다고 기뻐하던 기억도 납니다. 합기도나 유도, 가라테 같은 무도를 배우는 분도 많았고요. 어떤 분은 항상 눈에 보이는 자리에 도복을 뒀는데, 아마 그걸 보면서 일을 빨리 끝내자고 다짐했으리라 생각합니다.

저도 퇴근 후에 재즈 클럽이나 라이브 공연이 있는 레스토랑에 가는 걸 낙으로 삼으며 열심히 일했습니다. 영화 관람료가 저렴한 수요일에는 영화표를 예매하고, 취소하고 싶지는 않으니 반드시 일을 끝내겠다며 스스로를 다잡기도 했습니다.

퇴근 후에는 자신이 가장 좋아하는 것을 즐기자.

94 멀티태스킹으로 시간을 알차게 쓴다

산책하면서 통화하거나 라디오를 들으면서 스트레칭하는 것처럼 두 가지 일을 동시에 하는 '멀티태스킹'은 시간을 효율적으로 쓰는 데 매우 효과적인 방법입니다. 물론 한 가지 일에 집중하는 것보다는 집중력이 분산되므로 두 가지 일을 동시에 처리하는 것이 정말로 효율적인지는 잘 따져 봐야 합니다. 하지만 **별다른 사고력이 필요치 않은 일과 다른 일을 병행하는 수준이라면 멀티태스킹으로 밀도를 높일 수 있습니다.**

예를 들어, 저는 산책이나 요리, 청소를 하면서 오디오북이나 책을 소개하는 유튜브 채널을 자주 듣습니다. 음성 기반 SNS 앱인 '클럽하우스Clubhouse'가 유행했을 당시에는 출근 준비를 하면서 자주 들었죠. 목욕하면서 TV를 시청하거나 전자책을 읽는 사람도 있고, 러닝머신 위를 달리며 영상을 보는 사람도 흔합니다.

멀티태스킹은 두 가지 일을 동시에 할 수 있기 때문에 단순하게 생각하면 시간이 두 배로 늘어나거나 소요 시간이 반으로 줄어드는 셈입니다. 게다가 영상이나 음성 콘텐츠의 재생 속도를 높이면 소요 시간이 더 줄어듭니다. 즉 잘 활용하기만 하면 시간을 훨씬 효율적으로 쓸 수 있는 셈이죠.

일상을 유지하는 데 꼭 필요한 시간을 제외한 자유 시간을 '가처분 시간'이라고 합니다. 오늘날의 기업들은 소비자들의 가처분 시간을 차지하려고 경쟁하는 양상입니다. 대표적인 예가 스마트폰입니다. 스마트폰에는 온갖 정보와 엔터테인먼트가 담겨 있어서 사람들은 소중한 가처분 시간을 스마트폰에 쏟아붓습니다.

그런데 스마트폰을 이용한 활동의 대부분은 시각을 중심으로 이루어집니다. 즉 청각은 상대적으로 덜 쓰이고 있는 셈입니다. 바꿔 말하면 청각은 우리가 자유롭게 활용할 여지가 아직도 남아 있는 영역이라는 뜻이죠. 그러므로 효과적인 멀티태스킹 작업에 청각을 적극적으로 활용하길 권하고 싶습니다.

멀티태스킹을 할 때는 청각을 적극적으로 활용하자.

95 여유 시간에 자잘한 일을 처리한다

정보 과잉 시대를 살아가는 현대인은 매우 바쁜 나날을 보내고 있습니다. 업무를 처리하는 것만으로도 벅찬 와중에 시간이 나면 무심코 스마트폰을 만지며 시간을 허비했던 적이 있지 않나요? 현대에는 정보와 오락의 홍수 속에 몸을 맡기는 것이 일상적인 행동이 되었기 때문에 스마트폰을 멀리하는 게 쉽지 않죠.

스마트폰으로 SNS나 인터넷 뉴스를 보고 있노라면, 시간은 순식간에 흘러갑니다. 그 뒤의 '아, 또 무심코 스마트폰만 만지작거렸네.' 같은 허탈감과 후회는 매번 우리를 초라하게 만들죠.

솔직히 스마트폰의 유혹을 쉽게 뿌리칠 수 없다는 건 사실입니다. 그러니 유혹에 휘둘리지 않기 위해 시간이 나면 뭘 하겠다는 식으로 스스로 규칙을 정하는 것이 좋습니다.

미용실이나 병원 예약, 온라인 주문, 스마트폰 사진첩 정리, 버스나 지하철 환승 정보 검색, SNS 답글 등 나중에 해도 된다며 미루기 쉬운 자질구레한 일을 처리하는 겁니다.

이런 일들을 **리스트로 만들고, 일상에서 약간의 여유가 생기면 그 리스트를 들여다보는 습관을 만듭시다.** 그러면 할 일이 명확하게 보이므로 무심코 스마트폰을 보다가 시간을 허비하는 상황을 막을 수 있습니다.

이렇게 자질구레한 일들을 차질 없이 처리하면 마감일을 깜빡했다가 시간에 쫓겨 실수를 저지르는 일도 줄어듭니다. '5분이면 할 수 있는 업무 리스트'의 사생활 버전인 셈이죠. 사소한 일이라도 많이 쌓이면 일하는 도중 자꾸 떠올라서 업무가 손에 잡히지 않습니다. 자투리 시간을 활용해 빠르게 처리하면 마음 편히 하루를 보낼 수 있습니다.

자투리 시간에 무엇을 할지 미리 정하면 시간을 허비하지 않는다.

96 장소를 바꿔서 자극을 준다

일은 사무실이나 서재에서 해야 한다고 생각하시나요? 물론 복잡한 작업을 할 때는 조용한 환경에서 집중하는 것이 효율적이겠지요. 하지만 스마트폰만 있으면 언제 어디서든 일할 수 있는 오늘날의 환경은 인터넷이 발달한 시대에 주어진 특권이기도 합니다.

정시에 퇴근하려면 '일을 미루지 않는 것'이 무엇보다 중요합니다. 그러기 위해서는 한정된 근무 시간 내에 모든 업무를 끝내야겠죠. 하지만 도저히 시간 내에 끝낼 수 없는 업무량이라면 일부 업무를 다른 시간대로 분산시켜야 합니다.

예를 들어 외근을 위한 대기 시간이나 이동 중에 스마트폰으로 자질구레한 업무를 처리하거나 음성 메모로 문서의 초안을 작성하는 식입니다. 요즘은 대부분의 카페에서 Wi-Fi를 제공하기 때문에 노트북을 휴대하면 스마트폰보다 훨씬 효율적으로 자투리 시간을 사용할 수 있습니다.

제가 보좌했던 임원 중에는 휴일에도 노트북을 챙겨서 외출하는 사람이 많았습니다. 그들은 개인적인 시간을 즐기는 것을 소홀히 하지 않았지만, 다른 사람을 기다리게 만들거나 프로젝트 진행에 영향을 줄 수 있는 상황에서는 매우 신속하게 대응했죠.

익숙한 장소가 아닌 곳에서 일할 때 얻는 장점도 있습니다. **환경이 바뀌면 신선한 자극을 받아 일이 더 잘 풀리는 경우가 있기 때문입니다.** 왠지 의욕이 안 생기고 작업에 진척이 없다고 느껴진다면, 공용 사무실이나 카페에 가서 일하는 건 어떨까요?

준비나 이동에 드는 시간이 아깝다고 생각하실 수도 있지만, 매일 접하는 사무실에서 지루하게 일하는 것보다 훨씬 효율적으로 일할 수 있습니다. 상황이 따라 주지 않는다면 회의실이나 작업 공간, 휴게 공간 등 회사 내에서 자리를 바꾸는 것도 좋습니다.

틈틈이 업무를 처리하면 일에 치이지 않는다.

97 귀가 후 루틴도 만든다

회사에서는 정신을 바짝 차리고 열심히 일하지만, 집으로 돌아오면 맥이 풀려 아무것도 할 수 없다는 직장인들이 많습니다. 귀가하자마자 소파나 침대에 쓰러지면, 엉덩이가 무거워져서 다시는 일어날 수 없을 것 같은 기분이 들죠.

그 상태로 멍하니 있으면 어느새 시간이 훌쩍 지나, 허둥지둥 식사를 해결한 뒤에 샤워만 하고 잠드는 일이 대부분입니다. 다음 날 아침에는 어제 아무렇게나 던져 둔 열쇠를 찾느라 허둥대고 구겨진 자켓을 보며 후회하다가, 결국 자신에게 실망하고 맙니다.

귀가 후의 시간을 알차고 편안한 휴식 시간으로 만들기 위해 조금만 더 힘을 내는 건 어떨까요? 전혀 어렵지 않은 방법이니 걱정할 필요 없습니다. '귀가 후 바로 할 일'을 정하고 그것을 습관화하기만 하면 됩니다. 불과 10분, 아니 5분이면 충분합니다.

제가 집에 돌아온 뒤에 가장 먼저 하는 일은 '현관에 들어서며 바로 앞에 있는 행거에 상의를 걸고, 열쇠는 보관함에 넣으며, 가방은 의자에 올려 두기'입니다. 그리고 부엌으로 가서 물 한 잔을 마시고 욕조에 물을 받습니다.

여기까지를 '업무 시간'의 연장이라고 생각하고 깔끔히 해치운 다음에야 업무 모드를 끄는 거죠. 이러면 마음 놓고 편하게 쉴 수 있으므로 미적거리다가 시간을 낭비하고 말았다며 후회하지도 않고, 급할 때 물건이 사라지는 불상사도 없습니다.

일단 소파나 침대에 누워 버리면 할 일을 처리하려고 일어나는 것도 엄청난 기력이 필요하다는 걸 잘 아실 거예요. 하지만 업무 모드의 연장선으로 생각하고 후다닥 처리하면 순식간에 끝납니다. 시간은 적게 들어도 효과는 확실하죠. 차분한 일상을 보낼 수 있고, 게으른 자신을 책망하지 않아도 되니 멘탈 케어도 됩니다.

소파나 침대에 쓰러지기 전에 할 일을 처리하자.

98 나의 행복을 위한 날을 정한다

| "자신을 행복하게 만드는 데 서툰 사람이 많아요."

어떤 임원이 이런 말을 한 적이 있습니다. 그의 말에 따르면, 자신을 행복하게 만드는 것과 자기긍정감은 밀접한 관계가 있다고 합니다. 즉 행복한 사람은 자기긍정감이 높아서 나 자신을 믿습니다. 그래서 의미 없이 자신을 남과 비교하거나 경쟁하지 않습니다.

자신을 남과 비교하지 않기 때문에 나의 취향이나 의견을 중요하게 여기고 다른 사람에게 그것을 잘 전달하므로 스트레스를 받지 않는다는 거죠. 이야기를 듣고 저는 수긍했습니다.

실제로 그 임원은 늘 행복해 보였기 때문입니다. 항상 웃는 얼굴로 일을 신속하게 처리하고, 정시에 퇴근해서 취미를 즐기거나 가족, 친구와의 시간을 만끽했습니다. 한편으로 업무를 무작정 떠맡지 않고, 보수나 휴일 같은 노동자의 권리는 철저히 사수했습니다.

자기긍정감을 높이는 것은 자기주장을 분명히 할 수 있는 힘이 되고, 스트레스를 줄이는 데에도 도움이 됩니다. 나 자신을 행복하게 만드는 시도는 우리가 생각하는 것보다 훨씬 큰 가치가 있을지도 모릅니다.

한 달에 한 번쯤 '나를 행복하게 만드는 날', '행복을 만끽하는 날'을 정해 보는 건 어떨까요? 인생을 마음껏 즐기고 있다는 생각은 자기긍정감을 끌어올리는 데 효과적입니다. 무엇을 할지 모르겠다면 시간에 구애받지 않고 외출하는 걸 추천합니다. 즉흥적으로 가고 싶은 곳에 가고, 하고 싶은 것을 하는 거죠. 목적지도, 시간도 정하지 않고 일단 지하철에 올라서 마음 내키는 역에 내리면 오롯이 나를 위한 시간을 즐길 수 있습니다.

그 외에도 좋아하는 영화 보기, 흥미로운 전시회 감상하기, 읽고 싶은 책 사기, 호텔에서 느긋하게 쉬고 돌아오기 등 자신이 좋아하는 일, 즐거운 일로 가득한 하루를 보내는 것도 좋습니다.

나 자신이 행복하지 않으면, 아무리 시간 효율을 높여도 만족스럽지 않습니다.

인생을 만끽하면 자기긍정감이 높아진다.

99 휴가 중에는 자동 회신을 설정한다

힘들게 얻은 휴가를 즐기는 중에 업무 전화가 걸려 오거나 급한 대응이 필요한 이메일을 받으면 기분이 가라앉습니다. 충분히 휴식을 취하고 재충전의 시간을 가져야 시간 효율을 높일 수 있습니다. 따라서 쉬자고 결심했다면, 휴식을 방해할 수 있는 위험 요소는 최대한 제거해 두는 것이 좋습니다.

꼭 실천하셨으면 하는 것은 '휴가 중 받은 이메일은 자동 회신으로 설정하기'입니다. 웹사이트에서 미리 기간과 내용을 설정하면, 지정한 기간 동안 도착한 메일에 대해서는 입력해 둔 내용이 자동으로 회신됩니다. 채팅 프로그램에도 이름 옆에 '○월○일부터 ○일까지 휴가입니다.'와 같이 표시되도록 설정하면, 상대방에게 휴가 중이라는 사실을 간단히 알릴 수 있습니다.

글로벌 금융 기업에 다니는 임원들 역시 휴가를 떠날 때는 반드시 이메일 자동 회신을 설정함으로써 자리에 없다는 점을 어필했습니다. 아마 실제로는 업무 이메일을 확인했을 테고, 긴급하거나 중요한 건은 휴가 중에도 신속히 대응했을 겁니다.

그러나 휴가 중이라는 회신을 보내 두면 즉각 답장하지 않아도 되는 명분이 생기므로 급하지 않은 이메일은 복귀 후에 답장을 보내면 됩니다. 업무 모드의 온 앤 오프를 분명히 구분하는 것은 매우 중요합니다. **마음껏 재충전하거나 즐기지 않고 오로지 일만 하다가는 '내가 왜 이렇게까지 열심히 일하지?' 하는 의문에 빠질 수 있습니다.** 충분히 쉬면 다시 열심히 일할 의욕이 솟아납니다. 뇌도 휴식을 취한 다음에는 훨씬 잘 돌아가겠죠.

자동 회신을 설정하여 방해받지 않는 휴식을 확보하자.

100 효율성을 과도하게 추구하지 않는다

갑작스럽지만 한 가지 질문을 드리겠습니다. 여러분이 시간 효율을 높이려는 목적은 무엇인가요?

> "빨리 퇴근하고 싶어서요."
> "일을 집에 가져가지 않으려고요."
> "효율적으로 일하면 좋으니까요."

사람마다 대답은 다양하겠죠. 아무쪼록 그 답변이 '행복해지는 인생'으로 이어진다면 좋겠습니다. 시간 효율을 높이는 건 어디까지나 '목적'이 아니라 '수단'입니다. 효율적으로 일해서 스트레스를 줄이고, 야근이나 집에서 일하는 상황을 만들지 않으며, 개인적인 시간을 즐기기 위한 수단이죠.

시간 효율 향상 자체가 목적이 되면, 이해득실이나 효율 만능주의에 빠져 인생을 즐길 수 없습니다. 그러면 인생에 즐거움이 사라집니다. 우리는 궁극적으로 행복하게 살기 위해 일하며 살아가는 겁니다. 그러니 요령을 습득하는 것 자체에 집착하지 말고, 그것을 행복한 삶으로 향하는 도구로 인식해야 합니다.

저는 이 책에서 시간 효율을 높이는 100가지 방법을 다양한 관점으로 소개했습니다. 무려 100가지나 되는 모든 팁을 철저하게 실천할 필요는 없습니다. 쓸모없다고 판단한 일을 철저히 배제하려다 오히려 스트레스를 받는다면 취지에 어긋난 결과겠죠.

한두 개를 가볍게 시도한 뒤에 시간 효율이 향상되었다는 느낌을 받는 것만으로 충분합니다. 모쪼록 나 자신에게 지나친 부담은 주지 마세요.

시간 효율을 높이는 것 자체가 '목적'이어서는 안 된다.

에필로그

20년에 걸친 직장 생활에서 잊지 못하는 말이 하나 있습니다.

| "인생의 기준은 '재미'에 둬야 해요."

이 말을 해 주신 분은 해외 출장을 자주 다니면서도 정시 퇴근을 지키고, 세 아이의 아버지로서 가정을 소중히 여겼던 상사였습니다. 저는 그 말을 듣는 순간, 눈앞이 환하게 트이는 느낌을 받았고 인생의 우선순위가 크게 바뀌었습니다.

곰곰이 떠올리면 제가 보좌했던 다른 임원들 역시 인생을 즐길 줄 아는 사람들이었습니다. 어떤 분은 부서 사업이 종료되면서 해고당했을 때(글로벌 기업에서는 회사 사정으로 갑작스럽게 해고되는 일이 드물지 않습니다), 이건 기회라며 오키나와에 다이빙 숍을 열었습니다. 평소에 다이빙을 취미로 삼았기 때문이죠. 그곳은 트립어드바

이저 랭킹 1위를 차지할 만큼 인기를 얻었고, 그분은 좋아하는 일을 직업으로 삼아 행복한 나날을 보내고 있습니다. 또 그런 임원들 곁에서 근무했던 사람들도 하나같이 일을 즐겼던 것으로 기억합니다. 행복은 주변으로 전염되는 게 아닐까요?

2018년에 세상을 떠나신 제 어머니도 말년에 인생은 즐겨야 한다고 말씀하셨는데, 주변에서 그런 일들이 겹치면서 '인생을 즐기자!'라는 말은 제 삶의 모토가 되었습니다. 그러니 여러분도 이 책에서 제시한 요령을 잘 활용해서 인생을 즐기시길 바랍니다.

이미 실천 중인 방식이라거나 다니는 회사에서는 적용하기 어렵다고 느낀 부분이 있을지도 모르겠군요. 반대로 아직 시도해 본 적 없다거나 괜찮은 방식이라고 느낀 부분 또한 있으리라고 생각합니다. 이 책에서 얻은 아이디어를 나만의 방식으로 적용하다 보면, 업무 중 느꼈던 무기력이 사라지고 보람이 느껴지는 삶으로 향하는 첫걸음을 뗄 수 있을 겁니다.

자투리 시간의 활용법이 인생을 크게 바꾸는 계기가 되는 거죠. 그러나 시간 효율을 극대화하는 것이 전부가 아닙니다. 단순히 여유 시간을 확보하는 것보다는 그렇게 얻은 시간을 어떻게 쓰느냐가 진정한 행복을 좌우하기 때문입니다.

시간이 있어도 딱히 할 일이 없다는 생각이 든다면 어떻게 살아갈 것인지 고민하는 것도 좋지 않을까요? 예를 들어 소중한 사람과 함께하는 시간은 그 무엇과도 바꿀 수 없는 보물입니다. 인생에는 지금이 아니면 할 수 없는 일이 많지만, 때로는 지나간 뒤에야 비로소 깨닫습니다.

저도 바쁘게 일하느라 어머니와의 시간을 충분히 갖지 못한 것이 후회됩니다. 가족과 대화하는 건 언제든지 할 수 있다는 착각에 빠져서 소중한 순간을 놓쳐 버렸다는 후회가 이 책을 집필한 계기이기도 하고요.

이 책을 집필하는 데 많은 도움을 주신 옛 상사분들께 다시금 감사의 마음을 전합니다. 특히 미국계 손해보험사의 감사 담당 임원이셨던 모리 나오히로 님과의 만남과 가르침이 없었더라면 이 책은 세상에 나오지 못했을 겁니다. 그분의 가르침 덕분에 인생관이 달라졌고, 그 소중함과 위대함을 재차 실감하고 있습니다.

그리고 이 책이 여러분의 손에 닿기까지 도움을 주신 많은 분들께도 감사의 마음을 전합니다. 처음으로 출간을 준비하며 우왕좌왕하던 저를 늘 따뜻하게 이끌어 주신 간키출판의 히사마쓰 게이스케 님, 제 생각을 정리해 주신 무라카미 안나 님, 인연을 이어 주시고 응원해 주신 선배 작가 요시다 유키히로 님, 멋진 미래를 향해 함께 정진하는 동료분들께 이 자리를 빌려 깊이 감사드립니다.

무엇보다 제게 이 세상을 보여 주신 사랑하는 어머니 모리타 세츠코 님, 바쁘신 와중에도 마지막까지 어머니의 곁을 지켜 주신 모리타 키요타카 님, 아사히 마리코 님, 아사히 준고 님, 스가와라 리에 님께도 마음 깊이 감사드립니다.

저는 앞으로도 시간 효율을 높이는 법을 살려, 인생을 즐기라는 어머니의 유언대로 저의 삶을 마음껏 누리며 살고자 합니다. 만약 하늘나라에서 어머니를 다시 만난다면 멋진 인생을 살다 왔다는 칭찬을 듣고 싶네요.

마지막으로, 여러분께 꼭 전하고 싶은 말이 있습니다. 여러분이 이 책을 선택하신 계기는 우연일지도 모릅니다. 하지만 만남은 필연입니다. 이 책을 통해 일에 쫓겨 정말로 소중한 것을 잃지 않기를, 또 자녀 양육이나 돌봄의 단계에서 후회를 남기지 않기를 바랍니다. 그리고 무엇보다도 단 한 번뿐인 인생에서 행복한 시간이 더 많아지기를 진심으로 기도합니다.

모리타 유키

퇴근은 칼같이
일은 완벽하게

1판 1쇄 인쇄 2025년 12월 9일
1판 1쇄 발행 2025년 12월 15일

지은이 모리타 유키
옮긴이 신찬

발행인 양원석 **편집장** 최두은 **책임편집** 김슬기
디자인 신자용, 김미선 **영업마케팅** 윤송, 김지현, 최현윤, 유민경, 김수윤
해외저작권 임이안, 안효주

펴낸 곳 ㈜알에이치코리아
주소 서울시 금천구 가산디지털2로 53, 20층 (가산동, 한라시그마밸리)
편집문의 02-6443-8860 **도서문의** 02-6443-8800
홈페이지 http://rhk.co.kr
등록 2004년 1월 15일 제2-3726호

ISBN 978-89-255-7290-1 (03190)